AF390381

DELICTA OPERIT CHARITAS.
LA CHARITE EFFACE LES PECHEZ
Perfecta Charitas. Joan. 17.

TABLE DV SVIET.

HOSPITAVX GENERAVX
fous la Protection de la VIERGE. Comme le feu Roy y a mis le Royaume.

Memoires de Monfieur de Morangis, qui montrent,

1. QUE l'Hofpital General de Paris tombera, bien-toft, fi on n'acheve d'en eftablir dans toutes les Villes, fuivant l'Edit verifié de 1662.

2. Qu'on peut en établir par tout, *en vn an, & des manufactures : fans qu'il en coufte rien au Roy; & fans rien lever fur le peuple.*

3. Que cela fe fera par des *queftes volontaires,* qu'on fait tous les mois, dans les maifons, comme font les Religieux mendians. Qu'on a eftably, & maintenu, & qu'on meintient encore de la forte, la plus part de ces Hofpitaux dans le Royaume, & Nations voifines.

4. Que le meilleur temps pour commencer, eft celuy de la Guerre, Pefte, Famine, ou autre mifere: Témoin la plus-part de nos Hofpitaux, & du refte de l Europe commencez pendant ces temps-là.

5. Qu'en renfermant les pauvres, on chaffera hors du Royaume, les feneans & vagabons:

Que par ce moyen, on empechera beaucoup de vols, & larcins, *feditions & tumultes,* qui d'ordinaire commencent par telles gens; comme on voit par experience.

6. Que pour eftablir ces Hofpitaux ; S. M. n'a qu'a former une Direction generale, comme *à Rome & à Venife* ; & qu'on faffe ce qu'on y a fait ; ce qu'on peut faire, fans qu'il en coufte rien à S. M.

7. Que par ce moyen on eftablira plus de 5. à 600. Hofpitaux, du regne de S. M. qui feront a tant de Couronnes, d honneur & de gloire, qui feront benir fon nom à iamais par tous les François.

8. Que tous les ans, ces Hofpitaux, feront des Proceffions generales, tryomphantes, comme à LYON ; où les Predicateurs feront le Panegyrique du Roy, & des Commiffaires, & Protecteurs, de la Direction generale; qui auront trauaillé à ce Chef-d'œuvre de charité.

TABLE DES MATIERES.

OFFRES DE L'AMY DE Mr. DE MORANGIS POVR CONTRIBVER
à l'establiſſement de ces Hoſpitaux Generaux.

1. IL fait offre, comme il a eſté dit, ainſi que faiſoit Mr. de Morangis, de faire imprimer à ſes frais, tous ces Edits, Arreſts, Declaracions, & Reglemens neceſſaires, pour l'établiſſemét de ces Hoſpitaux, & en envoyer gratuitement, à tous les Eveſques, Gouverneurs, Intendans, Villes, & Communautez, & en donner à tous ceux qui en demanderont pour leur inſtruction. 11.

2. Il fait encore offre gratuitement, de tenir les liures & Regiſtres, ſous le Secretaire de la Direction, où ſeront inſerez par extrait, les procez verbaux d'eſtabliſſement deſdits Hoſpitaux, & l'eſtat de leurs affaires à Paris, expeditions, manufactures, &c. 11.

3. Il fait auſſi offre, après que ces Hoſpitaux ſeront eſtablis, de faire imprimer ce livre à ſes frais, dont Mr. de Morangis eſt d'avis, concontenant le Panegyrique du Roy: & tous les Edits, Verifications, Arreſts, & Reglemens; l'extrait des procez verbaux d'eſtabliſſement deſdits Hoſpiraux, difficultez qni s'y feront

tronuées, & remedes qu'on y aura apporté, pour y auoir recours en cas de beſoin : Lequel Liure dedié & preſenté S. M. il envoyera à tous les Eveſques, Gouuerneurs, Intendans, Villes & Communautez, pour ſeruir de regle vniforme a iamais, pour la conduite deſdits Hoſpitaux. 11.12.

4. L'amy de M. de Morangis fait encore offre de prendre ſoin gratuitement de toutes les affaires, qu'auront leſdits Hoſpitaux à Paris, & les faire expedier ſans frais. 11.12.

5. Il fait auſſi offre, tandis qu'il ſera à Paris, de faire gratuitement, toutes les dépéches qui ſeront neceſſaires, ſous le Procureur general, Secretaire, & autres Officiers de la Direction, pour établir, meintenir, & augmenter cés Hoſpitaux. 11.12.

6. Que ceux qui le ſuivront, le pouront faire, ſans qu'il leur en couſte rien, ny au Roy, ny à la Direction, faiſant ce qu'on fait à Rome. 13.

ESCROVELEZ.

1. QU E les ennemis de la France publient que le Roy ne les guerit plus, 1.2. 3. 4. & 44.

2. Que cela eſt faux, comme il ſe voit par diuerſes experiences rapprtées, *pag 55.* & par des milliers de perſonnes que S. M. a guery, dont on peut luy preſenter la liſte dans 4. mois, s'il a agreable. 1.2.3.4. & 44.

3. Que ce faux-bruit, de non-gueriſon s'eſt répendu, depuis l'eſtabliſſement de l'Hoſpital general de Paris; qui empeſche ceux qui ſont pauures, d'y mendier, s'y repoſer, & rafraichir, comme au paſſé. Ce qui les oblige, à n'y venir que vers Paſque, qu'on les tonche d'ordinaire, & s'en retourner incontinent aprés; ce qui eſt cauſe, auec la ſaiſon qui eſt encore rude, qu'il en meurt vn grand nombre en s'en retournant. *Ibidem.*

4. Qu'outre cela, la pluſpart des Hoſpiteux des Provinces, refuſent de les loger, ſous pretexte que leur mal ſe peut communiquer, *quoy qu'on les reçoiue à Paris à l'Hoſtel-*

Dieu, quand ils ont ſieure; ce qui contribuë encore à la mort de pluſieurs, 1.2.3.4. & 44.

5. Que tous les pauvres, gueriront comme au paſſé, ſans mourir par les chemins, ſi on leur procure vn Hoſpital, pour ſe repoſer, & rafraichir à Paris, & qu'on ordonne à ceux des Provinces, de les loger en paſſant. *Ibid.*

6. Que cela attirera des milliers de malades aux pieds de nos Rois; du Royaume & des Nations eſtrangeres, de pauvres & de riches, qui n'y viennent pas à preſent; & pourquoy. 1.2.3.4. & 44.

7. Que S. M. peut faire baſtir pour les pauures, vn Hoſpital riche & ſuperbe, à Paris, ſans qu'il luy en couſte rien, par ces fonds innocens, dont Mr. de Morangis, a laiſſé les memoires. *Ibidem.*

8. Que cét Hoſpital poura eſtre ſeruy par les Chevaliers de S. Lazare, qui preſenteront au Roy auec pompe & magnificence les malades à toucher. *Ibidem.*

9. Qu'ils pouront auſſi luy preſenter en

mefme temps, vne lifte de ceux qu'il aura touchez & gueris l'année precedente, comme l'on prefentoit aux Rois d'Ifraël auec pompe, & aux fanfares des Trompettes du Temple, le malade qui auoit efté guery miraculeufement dans la Pifcine,   *Ibidem.*

10. Qu'on poura auffi donner cette lifte des gueris, à tous ceux qui feront touchez, qui fe répenderont par tout le Royaume, & nations eftrangeres; qui fermera la bouche à la medifence, donnera vn nouuel éclat à ces guerifons miraculeufes, & à la perfonne facrée de Sa Maiefté, & des Rois fes fucceffeurs. 1. 2. 3. 4. & 44.

Remarques curieufes de l'amy de Mr. de Morangis touchant ces guerifons miraculeufes
Eu qu'il s'y trouue quatre miracles.

1. QUE la guerifon commence par vn fimple attouchement.   55. & 56.

2. Qu'elle acheve par vn cours de ventre de 5. à 6. mois, qui fortifie au lieu d'affoiblir. *Ib.*

3. Que les Heretiques guerifent; & des Catholiques touchez en peché mortel n'ont pas guery, & qui ont guery s'eftant fait toucher vne feconde fois, aprés s'eftre confeffez,   *Ibidem.*

4. Que toux ceux que le Roy a touché & guery, & les Rois fes predeceffeurs ont guery *parfaitement & radicalement*; fans qu'il ait paffé aucune tache de ce mal à leurs enfans, comme il paffe aux enfans de ceux que la medecine guerit,   2. 3. 4. & 55.

5. Que fi cette guerifon radicale eftoit fceuë des riches, il en viendroit des milliers aux pieds de S. M. & du Royaume, & des nations eftrangeres, qui n'ofent y venir à prefent, & pourquoy.   *Ibidem.*

Offres de l'amy de Mr. de Morangis, pour le foulagemeut des Efcroüelez.

1. IL fait offre dans 4. mois de faire informer fommairement, fans qu'l en coufte rien au Roy, de ces guerifons parfaites, & radicales.   60.

2. Il fait offre enfuite, de faire auffi imprimer à fes frais vn liure, contenât l'extrait de ces informatiôs fommaires, qu il envoyera à tous les Evefques; & vn extrait du liure à tous les Curez du Royaume, pour faire connoiftre à tous les peuples cette guerifon radicale. *Ib.*

3. Il fait encore offre, dans 4. mois, de prefenter au Roy vne lifte de plufieur milliers de ces malades, que S. M. a guery depuis fon avenement à la Couronne.   60.

4. Il fait auffi offre, fuivant l'avis de Mr. de Morangis, de fçauoir tous les ans ceux qui auront efté gueris, en imprimer la lifte, pour eftre prefentée à S. M. & donnée à ceux qu'il touchera, pour les rependre par tout. *Ibid.*

INCVRABLES, PARALITIQVES, & autres.

1. QUE dans l'Hofpital des incurables à Paris, il n'y a place que pour 180. malades; & qu'il y en a plus de *mille* dans la Ville, abandonnez & delaiffez, qui pouriffent fur la paille,   48.

2. Que le Roy peut les fecourir tous, *fans qu'il luy en coufte rien*, par ces fonds innocens, dont Mr. de Morangis a laiffé les Memoires,   *Ibidem.*

3. Que ces pauvres languiffans, ne font point receus à l'Hofpital general, ny à l'Hoftel-Dieu, s'ils n'ont fiévre, parce que ces maifons n'ont pas des revenus fuffifans pour cela. *Ib.*

4. Qu'ils n'ont plus les boüillons des Dames, ny le fecours, des affemblées & Confréries des Paroiffes qui prennent foin des pauures honteux; parce que les aumofnes des grandes Paroiffes, & des petites à proportion, qui fe montoient il y a 15 à 20. ans, à 24. & 25 *mille liures*; font reduites à 3. & 4. *mille* & le nombre des pauvres, à plus que double.   48.

5. Que cela eft caufe, que les Dames, & ces affemblées de Paroiffe, ne peuuent affifter que les

les honteux febricitans, qui font en danger de mort, & les honteux valides, dont on peut souftenir, ou releuer les familles, leur faifant l'aumofne vne fois, ou deux, au lieu que l'affiftance des incurables, doit eftre continuelle pendant toute leur vie, *Ibidem,*

6. Que dans la Turquie, chez le Payens, les heretiques, dans toute l'Italie, & ailleurs, il y a des Hofpitaux pour tous les malades, curables, & incurables, 48.

7. Que Salomon qui n'eftoit qu'vn Roytelet, en fit baftir pour 10. *mille*, dans fa Ville capitale. *Que Ste. Elizabeth* petite Ducheffe de Thuringe en nourriffoit 900. tous les iours, *Ib.*

8. Qu'en France dans les Provinces, on reçoit les incurables valides dans les Hofpitaux generaux, où il y en a, & les infirmes dans ceux des malades. *Ibidem.*

9. Qu'il n'y a qu'à Paris, comme il a efté dit, où l'on n'en affifte que 180. & on en laiffe perir plus de *mille* : Quoy que Paris foit la capitale du Royaume, & l'vne des Villes du monde, la plus riche, & la plus fomptueufe, 48.

10. Qu'enfin le Roy peut les fecourir tous, par ces fonds innocens de Mr. de Morangis, 48

11. Paffage paterique fur ce fujet de S. Chryfoftome, à ceux de Conftantinople, lors capitale de l'Empire Romain, *Ibidem.*

CONCLVSION, *contenant la fubftance de tout ce que deffus.*

Ce qu'a fait l'amy de Mr. de Morangis, fuiuant fon confeil, pour procurer l'execution de fes Memoires : & ce qu'il a deffein de faire ; & pourquoy il le dit.

1. Qu'il a parlé, & donné des memoires, ou fait donner à ces Meffieurs, que luy auoit marqué, Monfieur de Morangis, & fait parler au Confeffeur du Roy, 13. & 59.

2. A l'égard des Hofpitaux generaux pour renfermer les mendians, qu'il y a eu de ces Meffieurs qui i en ont parlé au Roy en particulier; d'autres qui ont fait à la Direction de l'Hofpital general de Paris, deputer vers S. M. en 1673. qui luy ont prefenté vne partie de ces Memoires imprimez, & que S. M. en confequence a nommé des Commiffaires pour les eftablir ; & ce qu'il refte à faire pour l'execution. 13. 59.

AVERTISSEMENT.

1. Que fi les deffeins charitables, de Mr. de Morangis, ne s'executent pas, tandis que fon amy fera à Paris ; à qui il donnera encore de ces Memoires, fuiuant fon confeil, pour les rendre publics : afin qu'vn iour ils puiffent tomber entre les mains de quelque charitable, que le Ciel infpirera d'en folliciter l'execution. 90.

2. Que qui lira cette Table, ou les 4 premieres pages des Memoires ; le Placet au Roy, ou l'extrait, fol. 5. ou la conclufion fol 6r. verra tout le contenu en ce Recueil : & pourquoy on a vfé de repetition en ces quatres endroits. 90.

3. Qu'on a étendu le refte des Memoires, pour feruir d'vne ample inftruction, à la Direction generale, & à fes Officiers, de ce qu'on a fait à Rome. & à Venife. 20.

FIN.

Decem leprosi vnico iussu à Domino mundantur.

Le Seigneur guerit dix lepreux par vn seul commandement. Luc. 17.

54

PLACET AU ROY. 1675.

HOSPITAVX GENERAVX.

Memoires de feu Mr. de Morangis, cét illustre, ce charitable, &
intelligent Conseiller d'Estat, mort l'an 1672. adresseZ en forme
de Lettre, par luy écrite, 3. mois avant son deceZ, à un sien amy,
qui a esté Advocat General, pour le convier à continuer ses soins,
pour l'establissement de ces Hospitaux Generaux dans toutes
les Villes du Royaume, suivant l'Edit verifié de 1662.

1. CEs memoires font voir, qu'on le peut, *sans qu'il en coûte rien au Roy, & sans*
rien lever sur le peuple.

2. Que cela se fera *par des questes volontaires, comme celles des Religieux men-*
dians, ainsi qu'on a establi, & qu'on maintient, la plus-part de ceux du Royaume,
denómmez dans les memoires cy-apres.

3. Que le meilleur temps pour commencer ces establissemens, est celuy de la
Guerre, Peste, Famine, ou autre misere, comme on voit par l'experience de la plus-
part de ceux de la France, & autres nations, cy-apres denommez.

4. Qu'on peut en *un an,* establir ces Hospitaux Generaux par tout, *& des Ma-*
nu-factures. Que pour cela, sa Majesté n'a qu'a former une Direction comme à Rome, & à Venise, qui ne coustera, aussi, rien à sa Majesté.

ESCROUELEZ.

Les memoires de Mr. de Morangis portent encore, que les ennemis de la France, publient que ces malades touchez par le Roy ne guerisent plus.

Qu'on peut fermer la bouche à la medisance, soulager ces pauvres malades,
& leur bastir un Hospital superbe & magnifique, *sans qu'il en couste rien au Roy,*
que cela se peut par un fond innocent dont sera parlé cy-apres, ce qui donneroit
un nouvel éclat à ces guerisons miraculeuses, & combleroit sa Majesté d'honneur
& de gloire parmy ses peuples, & les nations estrangeres.

I.

Ce qui fait dire que le Miracle cesse.

CEs pauvres malades viennent souvent de loin, des Royaumes mesme voisins, pour se faire toucher, & en meurt grand nombre en s'en retournant,
depuis l'establissement de l'Hospital General de Paris, qui les empéche de s'y reposer, & s'y rafraichir en mendiant; comme ils faisoient autre-fois: ils craignent
d'y estre enfermez, ce n'est pas un Azile pour des moribons. A l'Hostel-Dieu,
ils ny sont pas receus, s'ils n'ont la fiévre : On meurt de ce mal quasi tout
de bout, sans l'avoir; quand elle prend, la nature est si foible, que les remedes
lors, ny la nourriture ne peuvent les sauver.

A

II.

Qu'il en guerit moins, & en meurt à preſent plus grand nombre qu'autre-fois, & pourquoy.

C'Eſt que ces pauvres Ecrouelez, ne viennent à preſent à Paris, qu'au temps de Paſque, qu'on les touche, & s'en retournent incontinent, ſans s'eſtre repoſez, ny rafraiſchis; la ſaiſon eſt encore rude, en ſorte qu'il en meurt grand nombre, dans les Provinces, de pauvreté & de miſere, en s'en alant, ce qui a donné lieu aux étrangers, & ennemis de la France, de dire, que le Miracle avoit ceſſé : Ce qui n'eſt pas vray, comme on voit par les gueriſons arrivées és années dernieres raportées aux memoires cy-aprés, de gens riches, & de pauvres meſme, à qui l'amy de Mr. de Morangis a procuré de la ſubſiſtance à Paris, pendant ſix mois, pour eſtudier l'effet de ces gueriſons miraculeuſes, qui ſe font d'une façon qui eſt un ſecond miracle, comme dit au long le dernier Article des memoires de Mr. de Morangis. Cela fait voir, que les pauvres gueriroient, auſſi bien que les riches, s'il y avoit un Hoſpital commode pour eux, ou les rafraichir quelque temps, devant & apres avoir eſté touchez.

III.

Fonds innocens pour la conſtruction d'un Hoſpital ſuperbe.

C'Et Hoſpital peut-eſtre ſuperbe & magnifique, ſans qu'il en couſte rien au Roy, Mr. de Morangis a laiſſé à ſon amy les memoires d'un fond innocent, qu'il pretend monter à deux cents milles livres de rente; avec d'autres moyens qui ſont auſſi innocens.

IV.

Que David, donna deux cens millions, pour conſtruire le temple, & des Hoſpitaux.

D'Avid qui n'eſtoit qu'un Roytelet, donna *deux cens Millions*, qu'il avoit amaſ-ſez par le commerce, pendant la paix, pour la conſtruction du temple, & de ces ſuperbes Hoſpitaux, le long de la Piſcine, pour les malades qui cherchoient leur gueriſon par cette voye miraculeuſe de la Piſcine : Il n'y en gueriſſoit qu'un par an, & neantmoins il y avoit des logemens pour *dix mille malades* : Et y demeuroient toute leur vie s'ils vouloient attendant leur gueriſon, temoin ce Paralytique gueri par Nos-tre-Seigneur, qui y avoit eſté 38. ans. Nos Rois, peuvent faire des millions de gueriſons miraculeuſes tous les jours, s'il ſe preſentoit autant de malades; ce qui les convie d'autant plus, a ſouſtenir l'honneur & l'éclat de ce grand miracle.

V.

Que Charlemagne & S. Louis par le conſeil de leur Confeſſeurs, bâtirent & fonderent à leur frais, des Hoſpitaux pour les malades, dans toutes leur Villes.

C'Harlemagne, & S. Louis, alloient ſouvent aux Hoſpitaux, & aux feſtes ſolem-nelles, faiſoient ſervir les pauvres, avec pompe & magnificence, par leurs officiers. *Le grand Maistre de Malthe,* les jours de ceremonie, va dans ce riche Hospi-tal de la Religion servy par les Chevaliers, qui a pour chef & directeur , le grand Hospitalier , une des premieres charges & dignitez de l'ordre.

V I.

Cet Hospital à l'exemple de Malthe, pourra estre servy avec éclat, par les Chevaliers de S. Lazare.

1. L'Institut de ces Chevaliers les oblige, d'avoir un Hospital pour Chef de leur ordre ou servir les pauvres. Ils pourront de celuy-cy en faire le Chef de l'ordre : y bastir dequoy loger leurs principaux officiers , & des Academies , comme ils avoient autresfois , pour instruire leurs jeunes Chevaliers, pendant leur noviciat. Cela remetteroit l'ordre en son premier lustre : contribuiroit à la reünion de leurs biens : les feroit proteger par les Rois ; & empecheroit qu'à l'avenir, on ne songeast à les dépoüiller de leur revenus, comme on a fait au passé, sous-pretexte, qu'ils les employoient à d'autres usages, qu'à ceux portez par leur fondations.

2. Le grand-Maistre de cet Ordre, à la teste de ses Chevaliers, en habit de ceremonie, pourra tous les ans, presenter à sa Majesté ces malades à toucher , ce qui donneroit bien de l'eclat à ces guerisons miraculeuses.

V I I.

Parmy les Iuifs, on presentoit avec grand' pompe, au Roy, & au Pontife, le malade gueri dans la Piscine.

CEla se faisoit avec pompe & magnificence, aux fanfares des trompettes du temple. On n'en presentoit qu'un par an, parce qu'il n'en guerisoit qu'un : Mais à sa Majesté, les Chevaliers de S. Lazare, pourront luy presenter tous les ans, avec la mesme pompe & magnificence, une liste de plusieurs centaines de cures miraculeuses, qu'aura fait sa Majesté. On pourra donner de ces Listes, à tous les malades qu'on touchera qui les répandront dans les Provinces, & nations estrangeres, d'où il en vient souvent. Il sera facile de sçavoir d'une année à l'autre, ceux qui auront esté gueris ; tenant un ordre qui est bien aisé, que Mr. de Morangis a dit à son amy.

V I I I.

Qu'il y a eu de nos Roys, qui ont donné des medailles à ceux qu'ils touchoient; & pourquoy.

ILs donnoient ces medailles pour servir de marques immortelles de leur pieté, liberalité , & *guerisons miraculeuses.* L'image de JESUS-CHRIST, estoit d'un costé touchant un Paralitique, & de l'autre, l'image du Prince touchant un Ecroüelé.

I X.

Qu'il se trouve trois miracles dans la guerison de ces malades, & autres remarques & experiences curieuses de l'amy de Mr. Morangis.

LA guerison se fait par un simple attouchement , & guerit des gens riches que toute la medecine n'avoit peu guerir.

4

2. La façon de la guerison, est un second miracle, elle se fait par un cours-de-ventre, qui prend incontinent qu'on a esté touché, & dure jusques a parfaite guerison, & ce cours-de-ventre fortifie, au lieu d'affoiblir, ce qui est contre toutes les regles de la Medecine.

3. Les enfans, des gueris par nos Roys, ne se trouvent jamais attaquez de ce mal, comme se trouvent, quasi tousiours ceux qui ont esté gueris par les remedes des Medecins, & ceux des gouteux, & graveleux. Si cela estoit sceu dans les Provinces, & Royaumes estrangers, on auroit bien plus d'estime pour ces guerisons miraculeuses, & les personnes sacrées de nos Rois : Il est facile de le faire connoistre, personne jusques à present ny à fait reflexion ; il n'y a qu'à le publier par le mesme ordre, qu'on peut tenir pour sçavoir tous les ans, ceux qui auront esté gueris ; On en verra la verité, l'experience fermera la bouche à la medisance, & fera louer l'autheur de ces miracles qui les opere par les mains de nos Roys.

4. La sœur de Moyse fut frappée de Lepre, pour avoir murmuré, & fut guerie par un miracle. Elle devint plus belle, qu'elle n'estoit avant son mal, pour marque que le miracle, avoit augmenté sa santé, aussi bien que sa beauté; & lever la crainte qu'on eût eu de la prendre pour femme ; Car c'estoit une grande malediction parmy ce peuple de demeurer sans estre mariée. De mesme les Ecrouelez gueris par nos Rois, guerisent radicalement sans qu'il passe aucune tache de ce mal à leur posterité, ce que tout le monde connoistra quand les peuples seront avertis d'y faire reflexion. Cela attireroit tous ces malades aux pieds de nos Roys, des nations les plus éloignées, au lieu d'un qui en vient à present, il en viendroit des centaines.

5. L'amy de Mr. de Morangis, a fait encore d'autres remarques curieuses & de consequence, qui sont rapportées, au dernier article de ces memoires, touchant la guerison des heretiques, & des Catholiques ; ces derniers touchez en peché mortel n'ont pas gueri, & l'année d'aprés ont guery, s'estans confessez.

6. Enfin, cét Hospital superbe, qu'on peut construire, pour ces pauvres malades , sans qu'il en couste rien au Roy.

Les Chevaliers de S. Lazare, qui peuvent le servir suivant leur institut , & à l'exemple de Malthe.

Les malades, & la liste de ceux qui auront esté gueris, que le grand-Maistre de cét ordre, à la teste de ses Chevaliers, pourra presenter tous les ans à sa Majesté, avec pompe & magnificence, aux fanfares des Trompettes, feroit éclater par toute la terre, la grandeur de ce don miraculeux de guerison, dont le Ciel honore, & favorise les personnes sacrées de nos Roys.

7. Outre cela, si cét Hospital riche & superbe estoit bâti proche de ce beau Palais des Soldats estropiez; ce seroient deux brillans éclatans, aux yeux du Louvre, & de tous les Rois successeurs de sa Majesté, qui les feroient souvenir à jamais, de sa grandeur, de sa Magnificence, de ses victoires & conquestes, & de la grande charité qu'il auroit eu pour ses peuples : & ces monumens pompeux; qu'ils auroient tousiours devant eux, obligeroient ces Princes, de faire aussi, quelque chose d'utile pour leur sujets. Dont sa Majesté partageroit le merite devant Dieu, l'honneur & la gloire devant les hommes.

AV ROY.

S IR E.

Je fuis cét amy de feu Monfieur de Morangis, dont eſt parlé cy-
deſſus dans l'intitule, a qui il a adreſſé ces memoires, qu'il a convié
d'en folliciter l'execution, & les prefenter à V. M. avant de quiter Paris. V. M. SIRE, ſçait qu'elle étoit l'intelligence, &
la charité, de cét illuſtre Conſeiller ordinaire en tous vos Conſeils,
fa tendreſſe pour les pauvres, & fon zele, pour le fervice, l'honneur
& la gloire de V. M. Il embraſſoit, SIRE, tout le bien qu'on
luy propoſoit, & avoit la bourſe ouverte avec grande liberalité pour
l'execution, comme on voit par ſes memoires.

Je les ay concertez avec luy, SIRE, & avec feu Mr. du Pleſ-
ſis Mont-bar, qui étoit auſſi tres-intelligent & tres-charitable, &
qui a fait beaucoup d'établiſſemens tres-vtiles dans voſtre Royaume, pour la gloire de Dieu, & le bien de vos peuples.

J'ay eu l'honneur, SIRE, d'avoir été Avocat General de
V. M. fouffrez s'il vous plaiſt, qu'en cette qualité, ie faſſe, une tres-
humble remontrance, & priere, à V. dite M. au nom de ces deux
illuſtres deffunts. Les cendres, SIRE, de ces deux grands hommes, fupplient tres-humblement V. M. d'achever le Chef-d'œuvre de charité qu'elle a commencé, par ce grand Hoſpital General
de Paris, pour les mendians; & ce fuperbe Palais pour les foldats
eſtropiez, que tous les Rois vos predeceſſeurs, pendant *douze cens
ans*, ont voulu, & n'ont peu conſtruire, témoin tant d'Ordonnances qu'ils ont faites pour cela.

Mais, SIRE, il reſte dans vos Provinces, des millions de pauvres vieillards, de veufues, & d'Orphelins, & autres invalides, delaiſſez & abandonnez, qui languiſent quaſi par tout, fans aucun fecours. V. M. SIRE, eſt leur Roy, & leur Pere : comme dit l'E-
criture. Vous pouvez d'une parole pourvoir à leur mifere, fans
qu'il en coûte rien à V. M. & fans rien lever fur le peuple, comme font voir les memoires que ie vous prefente, dont voicy l'extrait, pour foulager V. M. ſi elle à agreable d'y jeter les yeux,
comme elle fit l'an 1673. la veille de Paſque, fur un petit imprimé
que j'avois dreſſé touchant cette matiere, qui luy fut prefenté par
Mr. Loyſeau Conſeiller de V. M. Doyen & deputé des Directeurs de l'Hoſpital General de Paris. En confequence V. M.
nomma des Commiſſaires, pour établir ces Hoſpitaux, dans toutes
les Villes du Royaume, fuivant l'Edit de 1662. Cela eſt demeu-

B

ré sans suite. L'execution en est facile, faisant ce qu'on a fait à *Rome* & à *Venise*, comme portent ces memoires de Mr de Morangis, dont voicy la substance.

ARTICLE I.

Que l'on peut dans un an, establir des Hospitaux Generaux, & des Manufactures, dans toutes les Villes, sans qu'il en couste rien au Roy, & sans rien lever sur le peuple.

A l'exemple de la pluspart de ceux du Royaume, establis & maintenus, par des questes volontaires, comme celles des Religieux mendians.

1. LEs memoires, SIRE, de Mr. de Morangis font voir que cela est facile, qu'il n'y a qu'à executer l'Edit verifié de V. M. que les Religieux mendians subsistent par leur questes dans les lieux les plus pauvres : Et que la pluspart de ces Hospitaux Generaux subsistent de mesme.

2. Ces questes-mesme, SIRE, ont cessé en divers lieux. Dés qu'on a veu la pieté, la charité, & les grands biens qu'ont produit ces Hospitaux, il est venu des laix, & donations, personne ne meurt, qui peut donner, qui ne donne.

3. Ce grand Hospital General de Paris, 'n'a des revenus certains que pour l'entretien de 2. à 3000. pauvres, & il y en a 8. à 9000. Le Casuel charitable, fournit au reste. On voit la mesme chose dans les Provinces, à Lyon, Rouen, & ailleurs.

ARTICLE II.

Qu'on peut establir ces Hospitaux, en temps-mesme de guerre, & de misere : Que c'est le meilleur temps pour commencer & pour quoy.

LEs memoires, SIRE, de Mr. de Morangis, font voir, que cela se peut.

Que c'est le meilleur temps pour commencer, témoin la pluspart de ceux de la France, & des autres nations, denommez dans ces memoires, qui ont esté commencez dans ces temps de misere.

1. Les Villes lors sont accablées, par un grand nombre de pauvres, du dedans, & du dehors, qui y viennent de toutes parts, ils

importunent tout le monde, ils pillent, ils volent, ils excitent seditions & tumultes; les maladies se mettent parmy eux, ils les communiquent aux familles des riches; tout est dans la confusion, quand
le mal est au comble, on y cherche remede.

2. Quand la Peste prend dans une Ville, quelque pauvre qu'elle
soit, on trouve dequoy renfermer, nourir, & penser les malades,
pour tascher à se garantir du mal. De mesme quand on est accablé
des pauvres dans un temps de misere, on songe à les renfermer, il en
couste moins, cela diminuë le nombre de moitié, les feneans regardent ces Hospitaux, comme des prisons, ils fuyent ou se mettent
à travailler; cela s'est veu dans toutes les Villes.

*L'exemple, SIRE, de la Ville de Liege, confirme la verité de ce
que vient de dire M. de Morangis. Cette année 1675. au plus-fort
de la guerre, & de la misere, se voyant accablée de pauvres, elle a
commencé un grand Hospital General, qu'elle avoit creu impossible,
pendant la paix, & l'abondance.*

ARTICLE III.

*Les biens que produisent ces Hospitaux, & les maux
qu'ils empeschent.*

1. POur les biens spirituels, l'Edit de V. M. qui est cy-aprés,
en fait mention au long.

2. Pour les biens temporels; ces Manufactures qu'on y establira
se répendront dans les Villes, & lieux voisins, qui produiron un
jour l'abondance par tout; On en aura pour porter aux estrangers,
d'où l'on tirera de l'argent, au lieu qu'ils en apportent à present, &
emportent l'argent du Royaume.

3. On poura encore, SIRE, comme à Venise, & en Hollande, apprendre dans ces Hospitaux, à lire, & à écrire, & des Mestiers
gratuitement à tous les Enfans renfermez, *& non-renfermez,* des
Villes, & des environs; la Carte-Marine, dans les païs maritimes,
& autres Arts: prendre soin de mettre en service tous ceux qui le
demanderont: dans les Villes, chez des ouvriers, ou autres; à la campagne chez des paysans, pour apprendre le labourage: sur des Vaisseaux, ou ailleurs chacun suivant leur talens, & naissance.

4. Par ce moyen, SIRE, les peuples establiront ces Hospitaux avec joye, les pauvres les regarderont, comme un patrimoi-
ne asseuré, pour leurs enfans, s'ils n'ont pas dequoy leurs faire apprendre un mestier: & les riches, comme un azile, & une Manu-

facture generale, qui leur servira de souftien s'ils viennent à déchoir.

5. Par mefme moyen, SIRE. V. M. retiendra dans fon Royaume, un tres-grand nombre de fes fubjets, qui fe vont eftablir chez les eftrangers, faute, de pouvoir fubfifter dans leur païs. En 1654. il s'en trouva *deux cens mille*, habituez en Efpagne qui furent taxez; il y en a ainfi de répandus par toute la terre qui s'y arreftent pour gagner leur vie, comme l'Hiftoire le remarque. Les autres nations ne quittent pas ainfi leur patrie, fi ce n'eft pour le commerce. Les Rois vos Predeceffeurs, SIRE, & V. M. ont fait divers Edits pour retenir vos fujets, & empécher leur forties : il n'y a qu'à leur donner le moyen par ces meftiers gratuits, comme à Rome, & à Venife, d'y vivre doucement, tous y demeureront; l'amour du païs eft naturel : Il n'y a que la neceffité qui les fait quiter.

6. Mr. de Morangis, SIRE, fait voir encore par fes memoires, que la plus-part des feditions arrivées de fon temps ont commencé par les gueux; celles entr'autres, lors de l'eftabliffement du fol pour livre fur toutes les marchandifes. Que les riches par malice, ou imprudence, difoient aux pauvres que cela ruynoit tout, qu'ils ne pouvoient donner l'aumofne, que cela faifoit courir aux Bureaux, piller, & voler par tout, à quoy on remediroit fi les mendians eftoient enfermez.

Les feditions qu'on vient de voir cette année 1675. en divers lieux, és Villes entr'autres du Mans, Bordeaux, Rennes, & Nantes prouvent la verité, de ce que dit Mr. de Morangis. Pour empefcher telles feditions à l'avenir, ces Villes travaillent à renfermer leur mendians.

ARTICLE IV.

Que l'Hofpital General de Paris tombera, fi on n'en eftablit dans toutes les Villes.

Que cela renverfera toute la police de cette belle Ville & fera renaiftre tous les maux de la mendicité, & pour quoy.

LEs memoires, SIRE, que je vous prefente, font voir que cela arrivera, fi on n'en eftablit dans toutes les Villes, pour y renvoyer les pauvres qui en viennent, en fi grand nombre qu'il n'y a pas ou les loger, ny dequoy les nourrir. Il n'y a des revenus certains, comme il a efté dit, & des baftimens commodes que pour 2. à 3000. pauvres, & il y en a 8 à 9000. ce qui corrompt l'air, & produit des maladies contagieufes tres-malignes: le fcorbut entr'autres, qui eft un mal pire que la Pefte, tout le corps fe couvre d'ulceres: la bouche
entr'au-

entr'autres, & tout le visage, qui rendent une puanteur, & une infection insupportable. Ce mal estoit inconnu à Paris, avant que l'Hospital General fut ainsi surchargé, il a esté si grand telles années, qu'il a falu les envoyer à la maison des pestiferez. Ce mal, SIRE, se pourra communiquer dans un temps de pauvreté, & de misere, au menu peuple de vostre Ville Capitale, & qu'elle desolation dans toute la Ville ? On a veu aux premiers voyages de l'Europe dans les Indes, que tous ceux d'une flote perisoient quasi tous, de ce mal horrible, qu'ils s'infectoient les uns les autres sans se pouvoir secourir; & ce qu'il y a de pire, c'est qu'on languit long-temps, au contraire de la Peste.

3. Outre cela, SIRE, si l'Hospital general de Paris tomboit, la Ville seroit inondée d'un deluge de 9. à 10. mille pauvres qui en sortiroient, d'autant de nouveaux feneans de la Ville qui mendiroient, avec des armées entieres de Cagoux & Vagabons qui viendroient des Provinces, qui n'osent y venir à present de crainte d'estre renfermez. Ce desordre, SIRE, feroit renaistre tous les maux, que la mendicité a causé au passé, & renverseroit cette Police merveilleuse, que V. M. a establi dans sa Ville capitale, que les estrangers admirent, dont vos sujets, vous remercient, & que tous les Rois vos Predecesseurs, & leur Ministres avoient creu impossible.

ARTICLE V.

Ces Hospitaux generaux couronneront le Roy d'honneur & de gloire, faisant ce qu'avoit dessein de faire le Roy Henry IV.

L'Establissement, SIRE, de ces Hospitaux generaux dans toutes les Villes, sera un chef d'œuvre de charité, qui rendra vostre nom immortel, & fera que les François beniront à jamais le nom de V. M. faisant ce qu'avoit dessein de faire le Roy HENRY QUATRIESME, vostre illustre ayeul, dont l'execution des grandes entreprises vous est reservée. Son dessein, SIRE, estoit de mettre son *effigie*, dans tous ces Hospitaux, avec cette inscription sur les portes, & dans tous les endroits des bastimens, LE ROY HENRY IV. EST NOSTRE AUGUSTE FONDATEUR, PRIEZ POUR LUY. En cette qualité, SIRE, on priera pour V. M. soir & matin, devant & aprés le repas, & à l'issuë du service divin, tous les jours apperpetuité. Ces Hospitaux dureront à jamais. Tesmoing, celuy des 15. vingts basty par S. Louis, & celuy de sainte Pome à Châlons bâti par cette sainte, il y a *seize cens ans*, qui porte encore son nom.

C

ARTICLE VI.

Charitez éclatantes de divers Princes, qui les font louer plus leur victoires & conquestes.

1. L'Empereur Charlemagne, & S. Louis à la suasion de leur Confesseurs, fonderent, & batirent à leur frais, des Hospitaux pour les malades, dans toutes leurs Villes, & en beaucoup d'endroits pour les Lepreux. l'Histoire, & tous les peuples, donnent plus de louanges à cet Empereur, pour ces actions de charité, que pour avoir conquis l'Allemagne, & l'Empire.

2. Le Roy DAGOBERT, pour avoir basti cette superbe Abbaye de S. Denis sepulture de nos Rois, est loüé tous les ans, le jour de la Dedicace, tandis que la memoire de tous ces autres Roys conquerans, demeure ensevelie avec leur cendres, dans la mesme Eglise. De mesme SIRE, la memoire de V. M. à jamais recevra mille acclamations, tous les ans, dans toutes les Villes du Royaume, les jours principalement, que ces Hospitaux generaux, feront leur Processions generales, comme on fait à Lyon; elles sont toutes couronnées de fleurs, accompagnees de tous les corps seculiers & Reguliers, Magistrats & autres: de la Cathedrale, de l'Archevesque, du Gouverneur: le Canon tire, & toutes les Cloches de la Ville sonnent pendant la procession. Ce sera, SIRE, principalement, à ces jours de Thriomphe, que les peuples, & les Predicateus, à l'envie les uns des autres, donneront milles loüanges à V. M d'avoir banny la mendicité du Royaume, & répandu l'abondance par tout, par ces Manufactures.

3. Joseph dans son Histoire, dit, qu'un Roy de Judée fut si touché, du commandement appellé grand dans l'Evangile, qui ordonne d'aimer son prochain comme soy mesme, à peine de damnation, que ce Prince apres avoir épuisé ses thresors qui estoient, grands, fit fondre toute sa Vesselle, & ses Vases d'or & d'argent, pour soulager ses sujets dans un temps de misere. Le nom de ce Prince ne seroit pas venu jusques à nous, sans cette charité; l'historien la loüe plus que les victoires de Josué.

4. L'Escriture, Canonise aussi, comme il a esté dit cy-dessus, la magnificence du Roy David, qui donna ces *deux cens millions*, pour la construction du temple & des Hospitaux. Ce Prince, SIRE, n'estoit qu'un Roytelet comparé à la grandeur des Estats de V. M Il est plus loüé de cette liberalité que de toutes ces

grandes victoires, qu'il remporta sur ses ennemis. V. M. SIRE,
n'a pas le cœur moins genereux, & liberal que ce Prince, s'il en
estoit besoin, pour establir ces Hospitaux generaux dans toutes
les Villes du Royaume : Mais il suffit comme il a esté dit, que V. M.
forme une direction generale, comme a Rome & a Venise ; qui
ne vous coutera rien.

ARTICLE VII.

Q'une direction comme à Rome & à Venise establira & main-
tiendra ces Hospitaux à jamais, sans que cette
Direction coute rien au Roy.

1. A Rome, & à Venise, cette Direction est composée de 10.
Magistrats les plus considerables de l'Estat, *d'un Procureur*
General, & d'un Secretaire ; avec les deputez des Directeurs des
Hospitaux des lieux.

2. Cette Direction à Rome, a pour chef, & Protecteur, *le Car-*
dinal Neveu. à Venise, le *Patriarche*, le *Chancelier*, & *le grand*
Secretaire de l'Estat.

3. Cette Direction, à la sur-intendance pour l'establissement, maintien & augmentntion, de tous Hospitaux de l'estat, : Tant pour les
mendians, malades, Pelerins, Pestiferez, qu'autres.

4. Cette Direction fait cela sans peine, tenant l'ordre dont est
parlé dans les memoires de Mr. de Morangis, qui sont cy-aprés. On
ne s'assemble qu'une fois le mois, la premiere année on s'assembloit
tous les 15. jours.

5. Le Procureur General, & le Secretaire, font quasi tout, apres
avoir eu l'avis de la Direction. l'amy de Mr de Morangis, qui en
presente les memoires à V. M. fait offre, *gratuitement*, tandis
qu'il sera à Paris, de faire toutes les depesches necessaires, *sous* le
Procureur general, & le Secretaire, en sorte qu'ils n'auront aucune peine.

ARTICLE VIII.

Autres offres de l'amy de Mr. de Morangis.

1. I L fait aussi offre, *gratuitement* de tenir les Livres, & Regi-
stres, ou seront inserez les Declarations, Reglemens, Arrests,
Verification, & procez verbaux de l'establissement desdits Hospitaux en chaque Ville.

2. Mr. de Morangis, eſt d'avis en ſes memoires, que ces Hoſpitaux eſtablis, qu'il pretend le pouvoir eſtre en un an ; on faſſe imprimer un livre, contenant ce qu'on vient de dire en l'article cy-deſſus, avec les difficultez qui ſe feront preſentées, & les remedes qu'on y aura apporté, afin que la poſterité y aye recours, en cas de beſoin. Il eſt encore d'avis que tous les Commiſſaires de la Direction, en corps, preſentent ce Livre à V. M. comme on fit à Rome, & à Veniſe, au Pape, & au Dogue; & à Charlemagne, & S. Louis, aprés l'eſtabliſſement des Hoſpitaux des malades, & qu'on mette ce Livre dans la Biblioteque Royale, avec le Panegyrique de V. M. pour conſerver à jamais, la memoire de ce chef-d'œuvre de charité. L'ami de Mr de Morangis, fait offre de compiler ce Livre, & le faire imprimer à ſes frais.

3. Pour accelerer, faciliter, & lever les difficultez, qui ſe ſont rencontrées cy-devant, & qui ſe rencontrent encore tous les jours, en divers lieux, qui ont empeſché, où retardé, l'eſtabliſſement de ces Hoſpitaux, dans les Villes meſme qui les ſouhaitent : Mr de Morangis eſt d'avis, que V. M. regle s'il luy plaiſt, par une Declaration, les rangs, ſeances, Preſidences & juriſdictions des Eveſques, Magiſtrats, & autres Directeurs particuliers des Villes; qu'on dreſſe les Reglemens, & autres inſtructions neceſſaires, pour la conduite de ces Hoſpitaux, ſauf à y adjouſter ou diminuer ſur les lieux ce qu'on jugeroit à propos, par l'avis des Commiſſaires du Parlement de leur reſſort, comme ſera dit cy-aprés.

4. Mr de Morangis, eſt d'avis encore, par ſes memoires, de faire imprimer à Paris ces Déclarations, Reglemens, & toutes inſtructions neceſſaires, & en envoyer *gratuitement,* à toutes les Villes & communautez du Royaume ; par les mains des Procureurs Generaux, des Parlemens de leur reſſort ; & en envoyer directement, à tous les Eveſques, Gouverneurs, & Intendans, & en donner gratuitement à tous ceux qui en demanderont pour leur inſtruction.

5. Mr. de Morangis faiſoit auſſi offre à ſon amy par ſes memoires, de fournir à tous ces frais, cét amy fait les meſmes offres, il n'eſt pas puiſſant, il aura recours aux charitables. Il eſt perſuadé, quand il ne feroit que s'approcher des cendres de cet illuſtre & charitable deffunt, qu'il trouvera du ſecours.

9. On parle icy des offres de Mr de Morangis, & des perſonnes eminentes, à qui ſon amy s'eſt adreſſé pour l'execution, de ſes memoires, afin que ſi cela ne s'execute pas tandis qu'il eſt à Paris, que cela puiſſe exciter quelque charitable apres ſon départ à l'entreprendre:

rendre: Voyant que le Roy & des personnes puissantes appuyent ce grand dessein.

ARTICLE IX.

Que la Direction, comme à Rome & Venise doit prendre soin, gratuitement de toutes les affaires que les Hospitaux auront à la Cour & à Paris.

Que cela ne coutera rien à V. M. ny a la direction.

1. LEs Hospitaux auront à Paris, beaucoup d'affaires, auprés de V. M. ses Ministres, au seau, au Conseil, au Parlement, & ailleurs; pour Manufactures, Lettres, Procez, &c. Quand les Hospitaux deputent; cela est long, & de grands frais, & empesche souvent ou retarde l'execution des bons desseins: C'est pourquoy Mr. de Morangis est d'avis, que le secretaire de la direction prenne soin gratuitement, de toutes ces affaires. Il sera connu de tout le monde, tout luy sera aisé & facile, au prix des deputez de Provinces inconnus, à qui cela seroit long & difficile.

2. Pour prendre soin de toutes ces affaires, correspondre avec 5. à 600. Hospitaux; avec les Parlemens, Evesques, Intendans, & autres, il faudra au Secretaire avec le temps, un commis, & un solliciteur, & peut-estre plusieurs. A Venise, l'Estat leur donne des gages; à Rome, on donne au Secretaire des pensions sur des benefices: Mr. de Morangis est d'avis pareillement, de donner au Secretaire soit Ecclesiastique, ou Laïque, des pensions sur des Benefices: Pour cela les faire Aumosniers, ou Chevaliers de saint Lazare, qui peuvent en posseder jusques à six mille livres.

3. Pour l'amy de Mr. de Morangis, comme il a esté dit, il fait offre, *gratuitement*, tandis qu'il sera à Paris, de servir de commis, & de solliciteur, au Procureur general, & secretaire de la direction: & faire part, aux charitables qui voudront se joindre à luy, pour ces emplois de commis, & solliciteurs, du peu qu'il a appris, de ces illustres, & intelligens, Mrs. de Morangis, & du Plessis Montbar.

ARTICLE X.

Depuis la mort de Mr. de Morangis, ce qu'a fait son amy suivant son Conseil, pour procurer l'execution de ses memoires.

1. DEs l'année de son decez, 1672. il s'adressa comme il luy avoit conseillé, à Mr. Pellisson pour agir auprés de V. M.

D

& ceux de voſtre Cour : à Mr. Loyſeau Doyen de la Direction de l'Hoſpital general de Paris, pour porter ladite Direction à demander l'eſtabliſſement de ces Hoſpitaux generaux, ſuivant voſtre Edit de 1662. prier Mr. le Premier Preſident d'en parler à V. M. & convier Mr. Berrier d'en parler à Mr. Colbert.

2. L'amy de Mr. de Morangis, fit auſſi imprimer l'Edit de V. M. de 1662. qui ordonne l'eſtabliſſement de ces Hoſpitaux, avec un extrait d'une partie de ce qui a eſté dit cy-deſſus, pour faire voir entr'autres choſes, que ſi on ne le fait pas, l'Hoſpital general de Paris tombera, renverſera la police, & le bel ordre de cette grande Ville, & cauſera tous les maux, des-ordres, & abominations, raportées au long par Voſtre dit Edit de 1662. qui eſt cy-aprés.

3. La Veille de Paſque 1673. Mr. Loyſeau Doyen & deputé des Directeurs de cét Hoſpital general de Paris, preſenta, entr'autres choſes à V. M. cet imprimé de l'amy de Mr. de Morangis. V. M. avec beaucoup de bonté, promit de le lire, & les autres meres qu'on luy preſenta. Mr. le Premier Preſident en parla auſſi à V. M. en conſequence le 23. Juin enſuivant, Voſtre dite Majeſté, nomma des Commiſſaires pour eſtablir ces Hoſpitaux ſuivant Voſtre Edit de 1662. Cela eſt demeuré ſans execution, faute d'avoir fait, ce qu'on fit à Rome, & à Veniſe, en pareil cas, la choſe eſt facile, tenant l'ordre qu'on y a tenu ; dont on a dit quelque choſe cy-deſſus, & qui eſt contenu plus au long, dans les memoires cy-aprés chap. 7. 8. 9. & 10.

5. Aprés que V. M. eut nommé ces Commiſſaires, l'amy de Mr. de Morangis fit imprimer une Requeſte pour leur eſtre preſentée, afin de faciliter leur deſſein ; Il n'euſt pas le temps d'en pourſuivre l'execution ; Un procez l'obligea de quitter Paris, qu'il n'a peu accommoder, quoy qu'il ait offert de conſigner le double pour le dedit, comme il fait en tous ſes procez. Ne ſçachant s'il reviendroit à Paris, il donna ces imprimez à Mrs. Peliſſon, & Loyſeau, & autres charitables ; & à ces vendeurs de vieux Edits, Arreſts, & Reglemens, au Palais, & ſur le Quay de Gevres, à qui on a recours pour trouver des memoires, pour l'execution de toutes entrepriſes : ainſi que Mr. de Morangis l'avoit conſeillé.

6. Cette année 1675. eſtant revenu à Paris il s'eſt adreſſé derechef à Meſſieurs Pelliſſon, & Loyſeau, & à Meſſieurs Berrier & Pinette ; & a fait imprimer ce Placet, & ces memoires, pour faire voir à V. M. & aux Commiſſaires qu'elle a nommez pour eſtablir ces Hoſpitaux, l'utilité & la facilité de l'execution, faiſant ce qu'on a fait à Rome, & à Veniſe ; & faire voir

que ce grand œuvre de charité, rendra le nom de V. M. immortel, & le fera benir à jamais par les François ; & que les noms, aussi de vos Ministres & Commissaires deviendront immortels, faisant ce qu'ont fait, les Commissaires & protecteurs de ces Directions de Rome, & de Venise. Mr. le Premier President à promis à Mr. Loyseau d'en parler à V. M. d'autres luy en ont aussi parlé, dont la modestie a prié l'amy de Mr. de Morangis de ne les pas nommer : & le R. P. Chaurand illustre & zelé Missionnaire a prié Vostre R. P. Confesseur le Pere de la Chaize, d'en parler à V. M. ce qu'il a promis de faire avec beaucoup d'affection. Il embrasse avec joye tout le bien qu'on luy propose, & l'appuye fortement.

LETTRE

DE MONSIEVR DE MORANGIS
à un sien amy touchant les Hospitaux Generaux.

MONSIEUR,

Vous souhaittez mes sentimens par écrit, touchant la facilité qu'il y a, d'establir dans *un an*, des Hospitaux Generaux , & des *Manu-factures*, dans toutes les Villes, suivant l'Edit verifié de 1662. sans qu'il en coute *rien au Roy*, & sans rien *lever sur le peuple.*

1. Cela se peut aisement, faisant ce qu'on a fait à Rome, & à Venise, pour l'establissement de leur divers Hospitaux, pour les mendians, Pelerins, Pestiferez, & autres: Vous le sçavez comme moy. Vous avez esté à nos Conferences, avec Mr. du Plessis. Vous nous avez donné les memoires. Vous avez fait un receuil, des Reglemens, & de la conduite, des Hospitaux les plus celebres de ce Royaume, & des autres nations, des difficultez qui se sont trouvées à leur establissement, & des remedes qu'on y a apporté. Il y a 30. ans que vous travaillez à ce grand dessein.

2. Cependant, vous souhaitez mes memoires la dessus: Vous dites que mon nom, pourra servir à faciliter l'execution: il n'est pas de grand prix : Neantmoins, puis que vous le voulez, pour vostre satisfaction, je veux faire ce que vous desirez: Aussi bien je sens la mort qui vient à grand pas ; je l'embrasse avec joye, quoy que j'eusse une ardente passion, de voir ces Hospitaux establis avant mon decez.

3. Suivant le cours de nature, vous devez rester aprés moy. Faites donc tous vos efforts pour faire reussir ce chef-d'œuvre de Charité. Ne regardes point, vostre peu de pouvoir. Dieu se sert souvent de foibles instrumens, pour executer ses plus grands desseins. Il s'est servy du rebut des hommes, de l'ordure & de la balieure du monde, comme dit l'Apostre, pour prescher l'Evangile, & la persuader aux Rois, & aux Princes.

4. Parlez donc, de nos Hospitaux hardiment, à tout le monde, aux petits & aux grands, frappez à toutes les portes, ne craignez point d'estre importun. Les affaires de Dieu, ne doivent pas se conduire, comme celle des hommes, avec tant de prudence charnelle.

5. Si apres tout vos efforts, vous n'avez rien peu ; avant de qui-
rer

ter Paris , faites imprimer mes memoires , le projet de la declaration
du Roy , que nous avons concertée enfemble , avec M.r du Pleffis;
& les Reglemens pour la conduite particuliere des Hofpitaux , dans
les Villes des Provinces. Donnez-en à tous les charitables , particulierement à Mr. Peliffon, dont on m'a dit de grands biens, que vous
m'avez confirmez , il eft en un pofte auprés du Roy , qui peut beaucoup. Donnez-en auffi à Mr. Loyfeau, qui eft un grand homme
pour toutes les bonnes œuvres , il eft de vos amis : il fera agir la Direction de l'Hofpital general de Paris dont il eft Doyen ; perfuade-
ra Mr. le Premier Prefident qui en eft le Chef, qui eft tres-bien intentionné , & qui en parlera au Roy : il pourra conuier Mr. Berrier
qui eft de cette Direction, d'en parler à Mr. Colbert ; Mr. Pinette
eft auffi de cette Direction, il eft fort charitable , & amy de Mr. Berrier ; il fera bon de luy en parler, & leur faire voir principalement,
que fi on n'eftablit ces Hofpitaux generaux dans toutes les Villes,
que celuy de Paris tombera pour les raifons que vous fçavez, & qui
font cy-aprés ; qui renverferoit toute la police de cette grande Ville,
ce que le Roy ne fouffira pas , ny les Miniftres , quand ils en feront
perfuadez.

6. Donnez auffi de vos imprimez , au Pere Confeffeur du Roy , &
à ceux des Miniftres , les Confeffeurs de S. Louis & de Charlemagne les perfuaderent de bâtir des Hofpitaux pour les malades dans
toutes les Villes , & pour les Lepreux en divers lieux , qu'ils fonderent & baftirent à leurs frais; ils n'auroient pas manqué d'en faire
baftir pour les mendians , fi on avoit trouvé le fecret lors, de ces
queftes volontaires comme celles des Religieux mendians qui
fourniffent à tout.

7. Pour cét Hofpital , pour les pauvres malades des Ecroüeles,
qui viennent de loin fe faire toucher , il eft de grande confequence
d'y penfer , pour les raifons que vous fçavez , & qui font rapportées, au 14.me Chapitre de mes memoires. Il faut fermer la bouche à la medifance, qui publie que le Miracle a ceffé en la perfonne
du Roy , à caufe qu'il en meurt grand nombre en s'en retournant,
depuis l'eftabliffement de l'Hofpital general de Paris , qui les em-
pefche d'y demeurer , y mandier , & s'y rafraichir comme ils
faifoient avant la conftruction de cét Hofpital , car ils craignent d'y
eftre enfermez. Cependant vous fçavez que ce don de guerifon continuë en la perfonne des riches , & des pauures-mefme, qui font fecourus : Pour le perfuader , je rapporte l'exemple de ceux à qui vous
avez procuré de la fubfiftance à Paris ces années dernieres , pour

E

voir par experience l'effet du miracle ; qui eſt un ſecond miracle, de la façon que ſe fait la cure.

8. Je vous ay dit , ſans qu'il en couſte *rien au Roy*, que l'on peut conſtruire un Hoſpital ſuperbe & magnifique pour y rafraichir ces malades, qui fera éclater ces gueriſons miraculeuſes , l'honneur & la grandeur de ſa Majeſté , parmy ſes peuples , & les nations eſtrangeres : & mettra l'Ordre des Chevaliers S, Lazare en un grand luſtre. Je vous ay parlé d'un fond innocent , de 200. *mille livres de rente :* je vous en envoye les memoires , ne les montrez qu'à des perſonnes dont la charité ſera bien connuë , on pouroit ſe ſervir de l'avis à d'autre vſage , il y a encore d'autres moyens innocens , dont je vous donneray les mémoires.

9. Sa Majeſté eſt tres-bien intentionné , elle embraſſe tout le bien qu'on luy propoſe ; il n'y a difficulté à cauſe de ſes grandes occupations , qu'à en avoir une audience aſſez paiſſible , pour luy faire connoiſtre à fond , les grands biens que ces Hoſpitaux produiront. Comme celuy des Ecroüelez regarde particulierement l'honneur & la perſonne de ſa Majeſté , vous pourrez hardiment donner de vos memoires , à ſon Pere Confoſſeur , & à Mr. le Cardinal de Boüillon qui en pourra auſſi parler en qualité de grand Aumônier. Sa charge à inſpection ſur ces malades. Vous pourrez-auſſi en faire parler à Mr. le Premier Medecin.

10. Ne vous rebutez point , quoy qu'il arrive. Les hommes ne recompenſent que les bons ſuccez : Mais Dieu recompenſe au double le travail , entrepris pour l'amour de luy , quand il ne reuſſit pas , & qu'on ſouffre avec patience , l'humiliation , où l'on tombe : car on eſt mépriſé , blamé , & accuſé , ſouvent , d'imprudence & de faux-zele, par les devots-meſme. S. Epiphane , ſigna la condamnation de S. Chriſoſtome , qui eſtoit innocent. Dieu le permit pour couronner la patience de l'un , & humilier l'autre , qui en fit une rude penitence.

11. Enfin , pour vous animer , & fortifier , quand il vous arrivera quelque choſe de faſcheux , penſez ſi vous aviez à mourir ſur l'heure , ce que vous voudriez avoir fait , & ſouffert , pour contribuer à eſtablir ces Hoſpitaux , qui doivent ouvrir la porte du Ciel à tant de millions d'ames , qui periſſent , faute de ſecours au ſpirituel & au temporel. Il n'y a point d'homme , le iour de la mort , qui ne voudroit avoir imité la chatité des plus grands Saints. Commencez donc , recevant ces memoires , à faire ce que vous voudtiez avoir fait, le jour de voſtre decez , & continuez ſans vous relacher , & tout ira bien , du moins à voſtre égard. Vous ſçavez ce que dit l'Apo-

poſtre, *Paulus plantat, Paulus rigat.* Il faut attendre le ſuccez du Ciel,
avec un pur abandon, & ſupreme indifference aux ordres du ſouve-
rain Maiſtre. Je le prie de tout mon cœur, de vous combler de ſes
graces.

Je m'oubliois de vous redire icy, ce que je vous ay dit ſouuent, je
vous offre ma bourſe pour tous les frais que vous avez faits, & qu'il
faudra faire, pour contribuer à l'eſtabliſſement de ces Hoſpitaux : il
faudra entr'autres choſes, faire imprimer à Paris, les Edits, & Declarations, Reglemens, & autres inſtructions neceſſaires, & envoyer
gratuitement, à toutes les Villes, & communautez, Eveſques, Gouuerneurs, Intendans, &c. L'attache à l'argent eſt ſi grande, que des
gens riches ſouvent, laiſſent le bien à faire de crainte de dépenſer un
écu blanc. Vous le voyez pour nos Confréries de la charité, qui ſou-
lageroient tous les pauvres du Royaume, tous les Priſonniers, &
qui accorderoient des millions de procez, & de querelles, s'il y en
avoit d'eſtablies dans toutes les Paroiſſes comme on a commencé en
diuers lieux auec un merveilleux ſuccez, ainſi que je viens d'écrire à
ce bon Prelat aux Eſtats de Languedoc, pour le convier, & M. M. ſes
Confréres de faire ces eſtabliſſemens. Aſteure qu'on offre tout gratuitement, on commence à eſtre écouté. Vous ſçavez avant cela la
peine qu'on y avoit. C'eſt pourquoy, pour faciliter l'eſtabliſſement
de nos Hoſpitaux, il faut qu'il n'en couſte rien à perſonne.

MEMOIRES

De Monſieur de Morangis.

CHAPITRE I.

Qu'on peut dans vn an, eſtablir des Hoſpitaux generaux, & des Manufactures, dans toutes les Villes du
Royaume, ſuivant l'Edit verifié de 1662. *ſans qu'il* en
couſte rien au Roy, & ſans rien lever ſur le peuple.

Que cela ſe fera, par des queſtes volontaires, comme
celles des Religieux mendians, ainſi qu'on a eſtably &
qu'on maintient, la pluſpart de ces Hoſpitaux dans le
Royaume.

AVERTISSEMENT.

Pour la commodité de personnes eminentes, & fort occupées, on a fait un extrait des memoires qui suivent, qui est cy dessus page 5. & suivantes. Pour n'user pas de redites, on ne mettra icy, que ce qui n'est pas dans l'extrait.

1. LA pluspart des Hospitaux generaux du Royaume, ont esté establis par des questes volontaires. LYON. entr'autres si celebre, commença en 1535. Pendant une longue & cruelle famine, aprés avoir nourry long-temps 15. à 16. mille pauures. En un jour il y en arrivr 8. mille, à qui ils ouvrirent leurs portes avec grande charité, & ce qui est merueilleux, c'est qu'ils ont remarqué que depuis ce jour là, l'argent ne leur a jamais manqué pour les necessitez de leurs pauvres, quoy que depuis cela, ils ayent essuié, des Pestes, famines, & des Guerres tres-sanglantes pour la Religion. Cét Hospital est aujourd'huy un des plus beaux & des mieux policez de l'Europe, & neantmoins son plus grand revenu, ne consiste que dans, les buestes, & Casuels charitables, donations, laix, testamens. Personne ne meurt, qui peut donner, qui n'y donne.

2. Châlons en Champagne, Beauvais, Rennes, Nantes, & autres, ont commencé en 1649. & 50. pendant les troubles de Paris, que tout commerce avoit cessé, & que le bled estoit fort-cher ; les contributions volontaires ont fourny à tout en ces lieux-là.

3. De mesme à Rouen, Orleans, Tours, Mans, Angers, Bordeaux, Gap, Bourges, Limoges, Poitiers, &c. les contributions volontaires ont suffi, sans avoir fait aucune levée forcée sur le peuple, quoy que toutes les Ordonnáces le permettent, celles entr'autres des Estats generaux d'Orleans & de Blois, on s'en sert seulement pour convier les peuples à donner tous les mois charitablement, & fidelemēt, comme on fait, aux Religieux mendians, autremēt on les menace, qu'on aura recours à la taxe, à quoy on n'a esté obligé en aucun lieu : Au contraire, ces questes-mesme volontaires, ont cessé presque par tout, comme on dira cy-apres, il est venu des fonds par d'autre voye.

4. Les Hospitaux de Rome, Venise, Naples, Malthe, & GOA, dans les Indes, ce dernier, fondé par un Marchand Portugais qui y donna 3. millions, ont esté commencez, pendant la Peste ou famine, par des contributions volonraires. Celuy de Goa, est aujourd'huy le plus beau de la Chrestienté. Plusieurs y ont fait de grandes fondations, depuis celle des trois Millions. L'Hospital general de *Milan,* l'un des plus riches & des plus beaux de l'Europe, fut commencé

mencé l'an 1576. par les saintes exhortations, de ce charitable Archevesque S. Charles Boromée, pendant une longue & cruelle Peste. La Ville nourrissoit il y avoit 5. mois, 70. mille pauvres, & pestiferez, & neantmoins les aumosnes volontaires fournirent à tout.

6. Dans les grandes Villes, en France, où il y auoit des maisons de santé, on s'en est servy d'abord, pour renfermer les pauvres; dans les petites Villes, où il n'y en avoit pas; on a pris à loüage quel qu'enclos dans les faux-bourgs; Il s'est trouvé des charitables qui à leurs seuls frais, ont fait construire des Hospitaux en entier, ou la plus grande partie, à LYON les Predecesseurs de Monsieur le Duc de Villeroy, à Limoges un bon Prestre, seul, a fait tout le bastiment.

7. L'experience donc, fait voir, qu'on peut establir des Hospitaux Generaux dans toutes les Villes, sans qu'il en couste rien au Roy; & sans faire de levées forcées sur le peuple. Il reste à faire voir qu'on le peut en temps de guerre & de misere.

OBJECTION.

Qu'on ne dise pas, qu'on le peut dans les grandes Villes, mais que cela ne se peut dans les petites, l'experience fait voir le contraire. Quand la Peste prend, dans vne Ville, comme il a esté dit, quelque petite & pauvre qu'elle soit, on trouve dequoy renfermer, nourrir, & penser les malades, pour tascher à se garantir du mal.

CHAPITRE II.

Qu'on peut establir ces Hospitaux, en temps de Peste, guerre, famine ou autre misere: que c'est le meilleur temps pour commencer; & pour quoy.

Dans l'article 2. de l'extrait, pag. 6. & dans le Chapitre precedent, on en a fait voir, la raison, & l'experience; on ne dira icy que la façon dont les sages s'y sont pris dans leurs Villes, pour le persuader aux peuples, ainsi que le rapporte Mr de Morangis.

1. **D**Ans le temps de misere. *c'est Mr de Morangis qui parle;* on est accablé des pauvres, tout est dans la confusion, on y cher-

che *remede* ; pendant l'abondance on n'en veut point oüir parler. *ftul-
torum infinitus numerus*, Dit le Sage. dans l'averſité , les ſages ſont
écoutez: Vous l'avez veu par experience. En 1649. vous avez aidé
Mr du Pleſſis-Montbar à eſtablir un Hoſpital general à Nantes , le
bled eſtoit fort cher , & tout commerce avoit ceſſé, à cauſe des troubles de Paris,

2. Les prudens de cette Ville-là , comme dans les autres lieux,
que nous avons nommez cy-deſſus, repreſenterent en particulier &
en public , dans leur compagnies, & maiſons de Villes, qu'il en
couteroit bien moins à renfermer les pauvres , qu'à leur donner
l'aumône dans les Ruës & aux portes; que l'Ordonnance obligeoit de
les nourrir, qu'on auroit recours à la taxe, ſi on ne vouloit y contribuer volontairement côme ailleurs qu'en telle & telle Ville, on avoit
eſtably des Hoſpitaux generaux , & qu'on les maintenoit par des
queſtes volontaires , qu'on faiſoit tous les mois, comme celles des
Religieux mandians, qui avoient meſme ceſſé en divers lieux , peu
de temps après l'eſtabliſſement de ces Hoſpitaux , parce que les autres queſtes, dans les Egliſes, Troncs, Laix, & donnations ſuffiſoient.

3. Sur cela , à Nantes, comme en beaucoup d'autres Villes, cét
expedient fut trouvé le plus doux , Mrs les Curez furent priez par les
Maiſons de Ville, d'aller chez leur Paroiſſiens , leur propoſer ce
que deſſus , & les prier de donner liberalement, ſur tout au commencement , qu'autrement on ſeroit taxé. Les Predicateurs , & eux di-
rent la meſme choſe , dans leurs Proſnes & Sermons, &c.

4. Aprés cela , Mrs les Curez , firent rapport en maiſon de Ville,
de ce qne leurs Paroiſſes à plus prés , pouroient fournir par mois. Pour
queſter chaque mois, de maiſon en maiſon, on commit les plus qualifiez , & cét ordre a continué dans la plus-part des Villes, juſques à
ce que le caſuel charitable , n'a eſté ſuffiſant pour fournir à tout.

5. Et ainſi fondé ſur l'experience, on peut & on doit, entreprendre
hardiment l'eſtabliſſement de ces Hoſpitaux en tout temps , & ſans
fond. Celuy de Paris fut entrepris en 1656. avec le denier d'aumône
de la pauvre femme canoniſée dans l'Evangile , eu égard à la grandeur immenſe de l'entrepriſe . Encore à preſent il n'a des revenus
certains, que pour 2. à 3000. pauures, & en à 8. à 9000. le Caſuel fournit à tout le reſte, ſans queſte dans les maiſons, ny taxe : A Lyon
de meſme qui eſt eſtably il y a plus de *ſept vingt ans*, ils n'ont pas
des revenus certains pour le tiers de leur pauvres , dans toutes les
autres Villes c'eſt de meſme. Dans un temps de miſere, s'il eſtoit
beſoin , on pourroit renouveller ces queſtes de tous les mois : Cel-

les des Religieux mendians, bon temps, mauvais temps, ſe font toûjours.

6. L'Ecriture dit , *que le Sage doit compter avec ſa bourſe quand il
baſtit vne Tour.* Cela ſe doit entendre quand il la baſtit pour ſon uſage. Mais quand c'eſt pour l'uſage de JESUS-CHRIST, *& de ſes
membres*, il ſuffit d'y mettre la premiere pierre . les threſors de
ſa Providence fourniſſent le reſte, ſi l'œuvre eſt pour ſa gloire : Teſ-
moing l'eſtabliſſement, & le maintien de ces Hoſpitaux dont nous
parlons en tant de Villes , & les petits commencemens de la naiſ-
ſance de tous les ordres Religieux de l'Egliſe. Celuy de S. François entr'autres, comme le plus pauvre, qui commença tout nud , &
ſans chemiſe ; il ſe répandit incontinent par toute la terre. Quand ſes
Enfans ſe ſont éloignez de l'extreme pauvreté de leur Pere ; qu'ils
ont eu recours aux roſeaux de la terre, à l'argent & aux revenus,
ils ſont tombez en tres-grande miſere , comme on à veu un grand
nombre de Convens de Cordeliers. Les Capucins dans le dernier
ſiecle, ont fait renaiſtre par leur reforme, la premiere pauvreté de
leur Patriarche, & ſa confiance en la providence, & en meſme temps
ils ſe ſont encore multipliez, & répendus par tout le monde : ſi jamais ils ſe relaſchent, il leur arrivera comme aux Cordeliers. Ils
ſçavent la malediction prononcée par leur Patriarche , contre ce
Religieux ſimoniaque, qui vouloit prendre l'argent, que des novices
offroient, ſous pretexte de donner l'aumône en un temps de famine.
*L'Arreſt eſt prononcé, primum quærite regnum cœlorum , cætera adjcien-
tur.* Dieu en eſt caution, rien ne menquera. Au contraire, ſi vous
mettez voſtre principale confiance aux biens de la terre , vous ſerez
miſerable dans l'abondance meſme.

7. Nos Hoſpitaux en font foy. Les Chevaliers de S. Lazare en ont
eu de riches plus de 2. mille, ils ont eſté dépoüillez, tout eſt tombé en
decadãce , à cauſe qu'ils en faiſoient un mauuais uſage. Nos Hoſpitaux
generaux, quaſi par tout ont commencé ſans aucun fond certain , les
principaux encore à preſent, comme il a eſté dit , n'ont pas des revenus certains pour le tiers de leurs pauvres, comme Paris , & Lyon
entr'autres ; les aumômes & teſtamens fourniſſent le reſte , cela ſe
voit par tout à proportion ; & continuera, tandis que les Directeurs
ſeront charitables, & que l'ordre & la pieté regnera dans ces maiſons.
On verra cy-aprés chap. 9. & 10. ce qu'on fait à Rome & à Veniſe,
pour empeſcher le relaſchement des Directeurs.

Deux exemples, qui confirment la verité de ce que Mr. de Morangis vient de dire

1. LA ville de Liege comme il a esté dit cy-dessus, cette année 1675. au plus fort de la guerre, & de la misere, se voyant accablée des pauvres, a commencé un grand Hospital general, que les sages selon le monde, croyoient impossible pendant la paix & l'abondance, faute de fonds & recenus certains.

2. Cette année encore, 1675. L'Hospital general de Paris, a fait comme à Lyon, vne procession generale, si solemnelle, si devote, & si touchante que tout le peuple la suivoit; & on entendoit par les rües des personnes de toute qualité, qui disoient, parlant des pauvres, (voila mes heritiers, si je meurs sans enfans.) Le Gazetier en a fait un grand extraordinaire, & a remarqué entr'autres choses, que ce grand Hospital general de Paris n'avoit des revenus certains, que pour 2. à 3000. pauvres, & en avoit 8. à 9000. Cét exemple a persuadé beaucoup de Villes, à renfermer tous leur mendians, Bordeaux entr'autres, Mans, Rennes, & Nantes. Ils ont des Hospitaux generaux establis il y a plus de 20 ans, ils n'y renfermoient d'ordinaire que des Vieillards, & des Enfans, attandant disoient-ils, des reuenus suffisans pour l'entretien de tous les autres. Cependant il y a apparence qu'ils ne renfermeront pas encore leur mendians, non plus qu'au passé, ils l'ont resolu souvent, ils ne peuvent s'abandonner à la providence la moindre difficulté les arreste, faute d'une Direction generale à Paris, qui donne les ordres necessaires de la part du Roy, comme il y en a à Rome, & à Venise. ainsi qu'il est dit cy-aprés chap. 7. & 8.

CHAPITRE III.

Pour faire aux peuples, establir ces Hospitaux avec joye.

Il a esté dit cy-dessus, art, 3. qu'à Venise & en Hollande, On apprend dans ces Hospitaux gratuitement, à tous les Enfans des Villes & des environs, renfermez, & non renfermez, à lire & à écrire, des mestiers, carte Marine, en pays Maritime, &c. Qu'on prend soin, de placer en service, tous ceux qui le demandent, chacun, suivant son talent, & sa naissance.

ce, dans les Villes, à la Campagne chez des Payfans, ou fur des Vaiffeaux.

Que cela faifoit ouvrir la bourfe à tout le monde en faveur des Hofpitaux; que les pauvres les regardoient comme un revenu certain, fi leurs enfans n'avoient pas dequoy apprendre un meftier, & les riches comme un foûtien, fi leur famille tomboit dans la decadance, qui fubfifteroit, s'appliquant à ces manufactures.

Que cela fait, qu'à Venife, Angleterre, Hollande, & autres lieux de commerce, & manufactures, on ne voit point de feneans, & vagabons, comme en France, quiter leur pays pour s'habituer ailleurs.

MONSIEVR DE MORANGIS ADIOVTE.

1. L'Hiftoire Sainte & prohane, font voir que l'applicafion aux manufactures enrichit les Royaumes, & fanctifie les mœurs par une vie occupée, retirée, & folitaire.

Pour les richeffes, les manufactures d'Angleterre le font voir, celles de Venife, Luques, Hollande, & autres lieux de l'Europe. La Hollande n'a pas-mefme, la matiere des manufactures qu'elle fait, ny la moitié des hommes dont elle a befoin pour cela, elle prend quafi tout ailleurs, elle ne fournit que fon induftrie, témoin, certaines graines pour faire de l'huille, qu'elle tire de France, & rapporte en France cette huille qu'elle vend avec grand profit. S'il y avoit des Hofpitaux eftablis par-tout, & qu'on s'appliquat aux chofes utiles, ceux qui ont voyagé, donneroient des avis qui feroient écoutez, & executez.

2. Dans la Chine chacun eft obligé par la Loy, de fçavoir un métier, les filles fur tout, à peine d'une groffe amande contre leurs parens. Les Turcs, par la Loy auffi, de l'Eftat, & de la Religion y font obligez. L'Hiftoire marque que ce grand SOLIMAN, qui fit trembler toute la Chreftienté, faifoit des fouliers; & pour témoigner combien il eftoit exact obfervateur de fa Loy, qu'il y travailloit tous les iours, une heure publiquement, & donnoit pendant ce temps-là, audiance aux Ambaffadeurs des Princes.

3. A Venife, & en Hollande, tous les riches quafi, fçavent des métiers, par raifon Politique, afin, comme ils voyagent-beaucoup, s'ils venoient à eftre faits efclaves, ou eftre jettez, par un naufrage en une terre éloignée de leurs amis, ils pûffent gagner leur vie de leur métier, attendant le fecours de leur païs; & afin auffi, que dans

leur païs-mesme, ils puissent gagner leur vie, s'ils tomboient dans la decadance, sans estre à charge à leurs amis : & en ce cas-là, les riches devenus pauvres, mennent parmy-eux, une vie solitaire, travaillant de leurs mains.

4. L'Histoire de Perse dit, qu'un de leurs Rois, qui à l'exemple de la Chine, establit le premier dans son Royaume, les Manufactures de soye, pour convier les peuples, & sa Noblesse-mesme à s'y appliquer, leur donna de grands privileges ; Que tous s'y appliquerent, & qu'en peu de temps, le Royaume, & les particuliers devindrent fort-riches. Nous avons diverses Ordonnances, pour empécher les François d'abandonner leur païs ; le Roy mesme en a fait de nouvelles, & pour convier ses Sujets à se marier de bonne heure, comme autre-fois, *l'Empereur Auguste à Rome*, il promet des Privileges, & des pensions, à qui aura nombre d'enfans ; Qu'on adjoûte, *moyennant qu'ils sçachent un mestier, & qu'on les fasse joüir de ce qu'on leur promettera* : personne ne quittera le Royaume ; Tous sçauront-bientost des métiers, chacun poura gagner sa vie ; On ne verra point de feneans & vagabons parmy le peuple. Si le riche devient pauvre, si la Noblesse est ruynée, ils gagneront leur vie, dans la retraite, & la solitude, comme j'en ay connu, des filles entr'autres de qualité, sans estre tentées de s'abandonner au vice, ou à des alliences honteuses pour avoir du pain ; comme ces pauvres filles Israëlites, qui s'abandonnerent aux Assyriens, *ut saturarentur pane.*

OBJECTION.

1. Qu'on ne dise pas, que la Noblesse, & les personnes riches, n'ont pas le temps d'apprendre des métiers, que leur ieunesse doit estre employée à apprendre les Sciences, & autres choses plus utiles.

2. Que si tout le monde sçavoit des métiers, que les manufactures seroient à si pas prix, qu'on n'y gagneroit pas sa vie.

REPONSE.

1. Les riches travailleroient peu, & par divertissement seulement, ils auront toûjours des occupations plus utiles, & plus agreables. A l'égard du peuple, quand tous s'y appliqueroient, cela n'en diminueroit pas le prix, quand le commerce est une fois estably. Témoin l'Angleterre, ils travaillent quasi tous, à ces ouvrages de laine.

Mais quand il seroit vray, que cela en diminueroit le prix, l'ouvrier n'a qu'à diminuer sa dépence, il sera toûjours asseuré de pain.

Il y a de pauvres Ecoliers à qui je fais l'aumône, qui se trouvent heureux, quand ils sont asseurez de 4. sols par jour, ils mangent de gros pain, trempé dans de mauvais potage, comme faisoit S. Bernard, & comme font à present ses enfans, les Religieux de l'Abbayé de la Trappe. Mes Escoliers sont sains & robustes, aussi bien, que ces bons Religieux, qui ne mangent ny chair, ny poisson, ny œufs, & ne boivent point de vin. Dans le pain de leur Pere tout le son y estoit.

Les Soldats à l'Armée se trouvent heureux, d'avoir du sel, & un oignon, pour faire du potage sans beure ny graisse, ou tremper leur pain de munition, qui est souvent pire que celuy de S. Bernard, pour estre vieux, moisi, ou de mauvais bled. Un Soldat m'a dit que c'estoit un festin, d'avoir de la farine & 2. ou 3. pommes pour faire du potage, qu'il a vécu comme cela 2. ans, dans une garnison, sans boire, ny avoir soif, que cette vie ne luy coûtoit pas 3. sols par jour ; & se portoit parfaitement bien : Qu'il n'alloit au Cabaret que par débauche.

Mes pauvres Escoliers, vivent à plus dré s comme cela. Aux heures de recreation, les uns ont appris pour 2. pistolles, à coudre des souliers en 4. ou 5. mois. D'autres ont appris à tricoter pour deux écus ; en 2. ou 3. mois, cela s'apprend quasi tout seul : Ils gagnent à present 3. ou 4. sols par jour, & vont au Collcge. Ils employent moins de temps à leur travail, qu'ils ne faisoient à mandier leur vie. S'ils travailloient tout le iour ils gagneroient 10. à 12. sols,

J'ay connu des Dames de qualité, ruinées par les Gueres, & les procez: Vne entr'autres qui estoit au desespoir de la perte d'un grand procez : elle avoit 3. filles des mieux faites du Royaume. On leurs dit que dans la Flandre, il y avoit des Communautez de filles Laïques qui vivoient de leur travail, qui estoient de condition, que des Dames qualifiées ruinées par les Guerres, s'y retiroient, & vivoient comme elles. Sur l'heure cette Dame desesperée, & ses filles furent consolées. Je leur fis apprendre à faire des Dantelles. Elles vivoient comme des Anges dans leur solitude : elles ne sortoient que pour aller à l'Eglise, de grand matin. Je les allois voir quelque-fois, j'en revenois tout ravy, de voir qu'on pouvoit vivre content, de si peu, comme elles faisoient : Ce qui montre que le bon-heur n'est pas attaché aux richesses, mais à la moderation de l'esprit.

J'ay aussi connu une personne de qualité, homme d'esprit, ruiné par le procez, qui fut tout consolé, quand on luy dit, que S. Arsene, S. Paulin, & S. Jean Damasene, qui estoient de grands Seigneurs, avoient quité tous leurs biens, avoient appris des métiers, dont ils vivoient dans la solitude. La dessus, il sortit du Royaume, apprit un métier, & vivoit d'un peu de pain trempé dans du potage, travaillant pour les pauvres dans un Hospital.

2. Qu'on ne dife pas comme on a objecté cy-deffus , que les riches n'ont pas le temps d'apprendre des métiers , que leur jeuneffe eft appliquée aux Sciences , ou autres emplois plus utiles. S. Paul , & S. Barnabé eftoient Nobles , riches & Docteurs de la Loy , & neantmoins ils avoient appris des métiers en étudiant , dont ils vecurent, pendant tout le temps qu'ils precherent l'Evengile. Outre cela on peut en apprendre à tout âge , fi ce n'eft pas parfaitement, du moins dequoy pouvoir gagner du pain.

3. Témoin S. Paulin , dont nous venons de parler , il s'y appliqua à 40. ans aprés avoir efté Conful à Rome. S. Jean Damafene à 50. aprés avoir efté Vice-Roy , S. Arfene à 65. apres auoir efté Gouverneur du Prince Arcade , fils du grand Empereur Theodofe , & vécut 105. ans.

4. J'ay connu des Religieux , & des Preftres. eftudians en Theologie , qui apprirent à tricoter , aux heures de recreation , en fort peu de temps , ils me difoient que cela eftoit fort aifé. Un d'eux , eft à prefent Euefque. Un autre fait efclave , allant au Levant en Miffion, a gagné fa rançon, apprenant ce tricotage à ceux du païs où il eftoit.

5. Il y a long temps que S E N E Q V E a dit, que le *fage des Stoiciens n'eft point efclave des richeffes. Qu'il eft affeuré de pain, tandis qu'il aura des bras.* La Philofophie Chreftienne ua plus loin. Dieu commande de trauailler pour faire penitence publique du peché du premier homme.

6. Comme le plus coupable de fa race, fa penitence a efté la plus longue, il a beché la terre 900. ans durant. Les Patriarches aprés luy ont fait de mefme. Moyfe , quoy qu'éleué en Prince, à la Cour de Pharaon, & deftiné à la Couronne. il fçauoit vn meftier. Il fit de fes mains , le Serpent d'airain. Aron fon frere, fit ce mal heureux ouurage du Veau d'or. Leurs neueux , firent tous ces beaux vafes d'or & d'argent, pour le fervice du Tabernacle. Marie leur fœur, fila & broda le voile. Le feu Roy d'heureufe memoire fçauoit peindre. *Soliman* , comme il a efté dit , ce grand Prince, parmy les Turcs, fçavoit un meftier. *Diocletian*, Empereur Illuftre , à la referue de fa hayne contre les Chreftiens, eftoit excellent Jardinier. Il fit réponfe à ceux qui le convioient de remonter fur le Trofne , que la douceur de fon jardin, valoit mieux que l'Empire avec fes foins , & fes chagrins.

7. Tous les Ifraëlites, pauvres & riches fçavoient des meftiers. La Vierge, & S Jofeph, eftoient d'une race Royale, & neantmoins ils gagnoient leur uie du travail de leurs mains. J E S U S - C H R I S T a fait comme eux. S. Paul , comme il a efté dit , & S. Barnabé , Nobles , riches & Docteurs ont toûjours gagné leur vie de la forte.

Saint

S. Chrisostome adjoûte, que S. Paul instruisoit les Chrestiens, tra-vaillant auec ses disciples, qu'il ne preschoit en public, qu'une fois la semaine; & que son travail, qui le faisoit subsister, sans rien deman-der aux fidelles, convertissoit plus de Payens, que ses miracles. Que ce grand dés-interessement les gaignoit tous.

8. C'a esté l'Esprit de la primitiue Eglise. Tous travailloient de leurs mains, particulierement les Ecclesiastiques, Prestres, Moynes, Solitaires & autres. S. Paul le commande en termes exprés, pour gaigner *dequoy vivre, dit il, & faire l'aumône,* aux Ephesiens. Chap. 4.

9. Cela s'est pratiqué parfaitement pendant la persecution de l'E-glise. Depuis la convertion des Empereurs, le relachement se glissa peu à peu. Dans le dernier siecle S. Charles Boromée, a renouvellé cette sainte pratique. Il trouva l'Archevesché de Milan dans un estat si déplorable, qu'on y disoit en commun Proverbe, *qui vouloit se damner, n'avoit qu'à se faire Prestre.* Il avoit peine à trouver, qui voulut s'engager dans les Ordres, & aller à ses Seminaires, quoy que tout y fut *gratuit.* Il s'avisa, avec la pieté, d'y faire apprendre des ouvrages utiles, dequoy pouvoir gaigner sa vie; cela y attira beau-coup de pauvres Clercs, entr'autres, des Lombars, & des Grisons. Ces Prestres élevés de la sorte, vivoient comme des solitaires, principa-lement, à la Campagne, ils donnoient au travail tout le temps qu'il leur réstoit, aprés le service qu'ils devoient à l'Autel: On n'en voyoit plus de feneans, vagabons, de débauchez, ou mendians comme au passé.

10. S'il y avoit des Hospitaux generaux dans toutes les Villes, les manufactures de ces Hospitaux se rependeroient dans tous les lieux voisins; Le peuple dés le berceau sçauroit quelque mestier, quand ce ne seroit, que le *Tricotage*, il y a du fil, & de la laine, & on con-somme par-tout de ces ouvrages. Les Prestres de Village sont d'ordi-naire enfans de gens de condition mediocre, qui auroient commen-cé dés la maison, à apprendre quelque mestier. Si on achevoit de les instruire dans les Seminaires, & leur donner cét esprit de travail, que l'Evangile ordonne, on verroit les fruits, que cela a produit dans l'Eglise tandis qu'on l'a pratiqué; & ceux qu'on a veu dans le dernier siecle, quand ce saint Archevesque en a renouvelé l'usage.

11. Sainte TECLE, fille spirituelle de de S. Paul, imita l'exem-ple & le travail de ce grand Apostre. Elle institua des Seminaires de filles Laïques, à qui elle apprenoit avec la pieté à travailler, & vi-voient de leurs mains. Nostre Saint Archevesque renouvella aussi cette pratique à Millan, & attiroit par là toutes les filles dans ses

H

Communautez. Dans les petites Escoles-mesme, de l'un & de l'autre sexe, il faisoit apprendre, *gratuitement*, quelque ouvrage utile, outre la pieté. Il les gagnoit tous, par là. Avant cela, il y avoit de la peine, tant l'impieté des Peres estoit grande. Dans la Flandre il y a beaucoup de ces Seminaires, de sainte Tecle, où les filles vivent de leur travail, & l'apprennent à toutes celles de leur sexe, qui le desirent. Tout le monde y va, pauvres & riches. Dans cette Ville, il y a un pareil Seminaire, qui commence à s'establir en divers lieux avec grand succez ; il seroit à souhaiter qu'il y en eut dans toutes les Villes. Il y a des filles par tout, qui ont de bonnes intentions, & de pauvres & de riches, ce seroit un Azile pour elles, comme en Flandre. Le Paradis de la pluspart de nos Religieuses en France, est si cher, qu'on n'a pas de quoy l'acheter.

12. Madame la Princesse de Conti en nos jours, avoit estably chez elle une espece de ces Seminaires, dont nous parlons. Elle travailloit reglement tous les iours à certaines heures, avec ses filles, à faire des Ornemens pour les Eglises. Les Duchesses de Chevreuse, & de Luynes, le font aussi. Toutes les Dames les plus qualifiées de Poulogne s'y appliquent, & tirent vanité de faire leurs emmeublemens, & broder leurs habits de parade, & ceux de leurs maris. C'est de quoy le S A I N T E S P R I T loüe la femme forte canonisée dans l'Escriture, d'avoir fait *les Tapisseries de sa maison, les habits de ses domestiques, & filé la robbe de pourpre de son mary.*

13. Cét usage, a esté loüé & pratiqué, & l'est encore, comme il a esté dit, par les Juifs, les Turcs, les Payens, & les Barbares-mesme. Dans Jerusalem il y avoit des Seminaires proche du Temple pour l'un & l'autre sexe. La sainte Vierge y fut élevée. Parmy les Chrestiens l'usage continuë en divers lieux. Chez les Romains le long du Capitole estoient les Vestales. Dans les Indes-mesme Occidentales, découvertes il n'y a pas 200. ans ; Les Espagnols y ont trouvé de ces Seminaires proche de leurs Temples ; où l'on apprenoit gratuitement les ouvrages utiles, à ceux de l'vn & de l'autre sexe. Nos Hospitaux generaux tiendront lieu de cela, dans toutes les Villes, où il y en aura.

14. A l'exemple de nostre Illustre, pieuse, & agissante Pricesse de Conti, beaucoup de femmes se sont appliquées au travail ; celles de qualité font travailler dans leurs chambres, leurs filles, & leurs Laquais. Pour les animer, elles leurs baillent, la matiere, & leurs laissent tout le profit de l'ouvrage, à la charge de s'entretenir de bas, de souliers, de rubans, ou d'autre chose. Cela les convie à estre assidus, menageres, & propres.

15. Il seroit à souhaiter, que les gens de Cour, & les Officiers, principalement à Paris, fissent quelque chose de semblable à l'égard de leur Laquais, qui brelandent ou s'yvrognent, dans les anti-chambres, & aux portes, attendant leurs Maistres, & s'accoustument, à une vie feneante, & débauchée, qui fait perir la pluspart d'eux. Le nombre de ces pauures enfans, est tres-grand en France, & merite qu'on en prenne soin. Pour les tirer de loisiveté, & les accoustumer au travail, il seroit à desirer que l'on fit ce que ce President charitable de vostre Parlement, me disoit l'autre iour en vostre presence, qu'il faisoit aux siens : il leur fait apprendre à *Tricoter*, d'abord qu'ils viennent à son service, leurs camarades leurs apprennent cela, on l'apprend quasi de soy-mesme, comme il a esté dit, on leur fournit de la matiere, & on les oblige de payer leur chaussure de leur travail. Ce bon President fait plus que cela, il leur fait apprendre à lire & à écrire parfaitement, par cette methothe aisée & sans frais, que vous sçavez, que beaucoup de Religieux pratiquent, & leur fait tous les jours lire la Vie du S. dont l'Eglise celebre la Feste. On ne peut avoir trop de soin de ces pauures enfans, qui sont nez pour le Ciel, aussi bien que les grands Seigneurs. On nous en demandera compte, comme s'ils estoient à nous. S'il y avoit des Hospitaux generaux dans toutes les Villes, dés le berceau, ils sçauroient Tricoter, broder, ou faire des dentelles : ils continueroient estant Laquais, & demanderoient leur recompense par argent, comme en Italie, pour se marier en suite, & lever leur boutique.

16. J'ay peine à finir ce Chapitre, tant je suis persuadé par experience, que l'application au travail, & aux manufactures. enrichit les Royaumes, & contribue à l'innocence des mœurs.

CHAPITRE IV.

Que l'Hospital General de Paris tombera bien-tost, si on n'en establit dans toutes les Villes.

Le contenu en ce Chapitre est rapporté dans l'Extrait cy-dessus, art. 5. page 8.

1. IL fait voir qu'il n'y a des bastimens commodes, & des revenus certains, que pour 2. à 3000. pauures, & qu'il y en a 8. à 9000.

2. Que ce nombre augmente tous les jours, que s'il arriue une

difette, ou famine dans les Prouinces, tous que les pauvres viendrant a Paris, que l'on croit qu'il n'y a que cette Ville, ou l'on peut efperer du fecours. Qu'on eft prefuadé qu'on eft fort bien à l'Hofpital General. Cependant qu'on n'y eft pas, comme la charité de Meffieurs les Directeurs le fouhaiteroit, par deffaut de logement & de reuenus.

3. Que ce n'eft pas vn Azile commode, pour des membres de IESVS-CHRIST, a qui on a ofté la liberté. Que la plus part de ceux qui y font, le regardent comme vne prifon affreufe. Que beaucoup d'Hofpitaux, celuy de Beauuais entr'autres, ouvrent leur portes les Feftes, à tous les pauvres, & reuiennent tous au foir comme de bons Religieux.

4. Que celuy de Paris n'oferoit le faire, que la plus-part s'en-fuiroient comme des Prifonniers ; que cela n'arriueroit pas, s'ils y étoient commodement. Qu'ils y feroient à leur aife, s'ils n'y en auoit que 3. a 4000. Qu'il n'y auroit que ce nombre, s'il y auoit de ces Hofpitaux, dans toutes les Villes, ou renvoyer ceux qui en font venus.

5. Et qu'enfin, fi l'Hopital General de Paris tombe ; que cela ren-verfera toute la Police de cette belle Ville, & fera renaiftre tous les maux de la mendicité, fpirituels, & temporels, mentionnez au long, dans l'Edit du Roy de 1662. qui ordonne l'eftablifement de ces hof-pitaux dans toutes les Villes.

CHAPITRE V.

Que les Hofpitaux couronneront le Roy d'honneur & de gloire, faifant ce qu'avoit deffein de faire le Roy Henry IV.

Vne partie de ce Chapitre eft rapporté art. 5. page 9. cy-deffus, Voicy ce que les Memoires de Monfieur de Morangis contiennent de plus.

1. ON voit par experience que rien ne contribue a rendre im-mortel le nom des grands hommes, comme les bâtimens publics, pour la commodité du peuple. Pour ne parler que de ceux de cette Ville, cét Hofpital de S. Louis bâti il y a 4. à 500. ans, porte en-core fon nom, fes armes, fa ftatuë, & on le louë, & remercie tous les jours de fa charité & magnificence. Dans tous nos autres Hofpitaux,

on y conferve

conserue tres-cherement, la memoire des fondateurs, & on prie pour eux, tous les jours.

2. De mesme dans tous les Colleges de cette Ville, qui sont en grand nombre, quelque vieux qu'ils soient, tous portent encore le nom & les Armes de leur fondateurs, on prie pour eux journelement, on les louë, & on en fait le Panegyrique solemnelement tous les ans.

3. Temoin la *Sorbonne*, fondée par ce Docteur charitable qui portoit ce nom. Il y a 4. a 500. ans que tous les Docteurs de l'Europe le loüént dans leur discours, leurs escrits, & leur sermons. Le Cardinal de Richelieu, ce Grand & Illustre genie pour auoir rébaty, & enrichy cette Fondation si auguste: son nom, & ses Armes, y demeureront à iamais, & on loüera sa magnificence tandis qu'il y aura des Docteurs dans l'Eglise: c'est à dire, tandis que l'Eglise subsistera, qui subsistera autant que le monde. Ce grand Cardinal, & Ministre d'Estat, sera plus loüé par la posterité, de ce Bastiment superbe qu'il a élevé, pour le meintien des sciences, & de la Religion, que de toutes les victoires & conquestes de son Prince, quoy qu'il y ait eu beaucoup de part, par ses conseils, & ses grands soins.

Voicy qui fait voir la verité de ce que dit Mr. de Morangis. Cette année 1675. on a rébati une partie du College de Harcour, fondé il y a 3. à 400. ans. On a restably sur les portes, le nom, les Armes, & la statuë de cét Illustre Abbé, leur Fondateur, avec autant d'éclat, de pompe, & de loüange, comme s'il estoit vivant, & qu'il vint de faire la Fondation.

Qui loüe le Roy qui regnoit lors de cette Fondation ? qui en fait le Panegyrique tous les ans, comme on fait de cét Abbé ? Pour trouver le nom de ce Roy, il faut l'aller chercher dans quelque coin de l'Histoire, où il est couvert de poussiere, & où l'on n'en parle qu'en passant, s'il n'a laissé quelques monumens éclatans de sa pieté & de sa charité.

Pour nostre Monarque, ce seront des loüanges eternelles, s'il établit ces Hospitaux generaux dans toutes les Villes. Son nom, ses Armes, & sa statuë, seront dans tous les bastimens. Tous les iours on pria pour luy, & tous les ans on fera son Panegyrique solemnellement, comme il a esté dit cy-dessus, le iour que ces Hospitaux feront leurs Processions generales, avec la pompe & la manificence de celle de Lyon.

CHAPITRE VI.

Charitez éclatantes de divers Princes, qui les font loüer, plus que leurs victoires & conqueftes.

Le contenu en ce Chapitre eft rapporté cy-deffus, art. 6. page 10. à la referve de ce qui fuit.

1. L'Hiftoire Sainte canonifele Prophete *Daniel*, pour auoir perfuadé ce puiffant Prince, dont il eftoit le *premier Miniftre*, de fecourir tous les pauvrfs de fon Empire : pour cela il luy dit. *Qu'il n'eftoit Roy de ce grand peuple, qu'à la charge d'eftre leur Pere. Que l'aumône eftoit le feul moyen, qu'avoient les Monarques pour racheter leurs pechez, & attirer les benedictions du Ciel, fur leurs perfonnes, leurs Armes, & leurs Royaumes.* Et en effet, ce Roy, aprés avoir executé, ce bon confeil, remporta de grandes Victoires fur fes ennemis. La memoire de ce Prince, ny de ce charitable Miniftre, ne feroient point venus iufques à nous, fans ces actions de charité.

Depuis la mort de Mr. de Morangis, le nouveau Duc de Venife, dés qu'il fut couronné l'année paffée 1674. Il forma une affemblée dont il eft le Chef, pour affifter tous les pauvres honteux de fa Republique. Il y avoit des Hofpitaux pour toutes fortes d'autres pauures. Toutes les Gazettes ont loüé cette action, l'Hiftoire à iamais en parlera. Les peuples amis &, & ennemis, beniffent les charitables. Ce n'eft pas comme des Victoires & des Conqueftes, la medifance & la haine, tachent fouvent d'en diminuer la gloire.

CHAPITRE VII.

Qu'une Direction generale, comme à Rome & à Venife, eftablira & maintiendra ces Hofpitaux à iamais, fans peine : Et que cette Direction ne coûtera rien au Roy.

1. CE que i'ay à dire de la Direction de Rome & de Venife, a reuffi en France, en divers lieux. L'Hofpital General de Lyon, le fait voir, il fut commencé, comme i'ay dit ailleurs, l'an 1535. Il fut chancelant 25. ans, & penfa tomber, diverfes fois, parce que les Directeurs n'eftoient pas affez puiffans. En 1560. le Roy leur forma une

forte Direction . composée des Comtes de la Crthedrale du lieu, des Magiſtrats , & Bourgeois les plus qualifiez, qui avoient paſſé par les Charges de Conſuls , Eſchevins , & autres. Cette forte Direction donna des fondemens ſolides à cét Hoſpital , la maintenu , & augmenté à la grandeur que nous le voyons.

2. Pluſieurs de nos Roys , ſe ſont mis en devoir, d'eſtablir l'Hoſpital General de Paris , le feu Roy entr'autres, l'an 1612. On commença à renfermer les mendians , cela tomba , parce que la Direction n'avoit pas aſſez d'authorité.

3. L'an 1656. le Roy ordonna l'eſtabliſſement de ce meſme Hoſpital , & par le meſme Edit, a formé une Direction forte & puiſſante, compoſée de perſonnes qualifiées , qui ont pour Chefs & Protecteurs , le Premier Preſident , & Procureur general du Parlement, & Succeſſeurs en Charges, & cét Hoſpital s'eſt eſtably qu'on avoit crû eſtre une choſe impoſſible depuis la Monarchie , ſe meintient & s'augmente , contre toute apparence humaine , pour n'y auoir des revenus certains , comme il a eſté dit , que pour 2. à 3000. pauvres, & y en auoir 8. à 9000.

4. L'an 1662. ſa Majeſté , par Edit verifié , a ordonné qu'on eſtabliroit des Hoſpitaux Generaux dans toutes les Villes du Royaume: Cela n'a pas eſté fait, parce que, par le meſme Edit, le Roy n'a pas formé une Direction , pour l'execution, cóme il avoit fait par l'Edit de 1656. pour l'eſtabliſſement de l'Hoſpital General de Paris: Il n'y a donc, qu'à eſtablir une Direction, comme à *Rome* , & à *Veniſe*, & qu'on faſſe ce qu'elle a fait; & dans un an , ces Hoſpitaux ſeront eſtablis par tout , avec des manufactures , comme il a eſté dit cy-deſſus.

Nos Directeurs en France n'y auront aucune peine , faiſant comme ceux d'Italie, cóme on dira cy-aprés: ils ne s'aſſembleront qu'une fois le mois, ou au plus , tous les 15. iours, la premiere année . leurs noms deviendront immortels, & en veneration à toute la France, faiſant auſſi ce qu'ont fait ceux de Rome & de Veniſe , comme on verra cy-aptés

Nota, *Que le 23. Iuiu 1673. depuis la mort de Mr. de Morangis, ſa Majeſté a nommé des Commiſſaires, pour eſtablir ces Hoſpitaux dans toutes les Villes , ſuivant l'Edit de 1662. & cela eſt encore demeuré ſans execution , faute d'avoir formé cette Direction , á l'inſtar de celle de Rome & de Veniſe , & d'avoir fait, ce qu'on a fait dans ces deux Villes , Mr. de Morangis va dire l'ordre qu'on y a tenu.*

5. Voicy l'ordre, que ces Directions de Rome & de Veniſe ont tenu , pour eſtablir leurs Hoſpitaux , & ce qu'ils font pour les

maintenir & augmenter. D'abord on demanda l'avis de chaque Ville, fur la commodité ou incommodité que cela leur apporteroit, & leurs expediens pour faciliter l'execution.

4. Toutes les Villes prefque rendirent la chofe impoffible, alleguerent leur pauvreté, & leurs miferes. Cependant on vit certaines Villes bien intentionnées, qui les avoient eftablies auec fuccez, qui eftoient fort pauvres, comparées, à la plufpart de celles qui alleguoient leur impuiffance. On iugea par là, que toutes le pouvoient, qu'elles ne manquoient que de bonne volonté; C'eft pourquoy on envoya une Ordonnance à toutes les Villes de l'Eftat de les eftablir dans l'an, fous les peines cy-apres: Ces peines fe trouverent comminatoires, qui neantmoins produifirent leur effet.

5. Ces peines furent, que paffé l'an, il défcenderoit des Commiffaires pour faire l'eftabliffement aux frais des refufans, auec injonction aux Magiftrats d'envoyer les noms defdits refufans. Perfonne en particulier, n'avoit fi grand interest de s'oppofer à ces eftabliffemens, qu'il ofat le faire, à caufe de la peine dont il eftoit menacé; & ainfi l'eftabliffement fe fit par-tout en un an.

6. Par la mefme Ordonnance, on regla la Prefidence, Rangs, Seances, Pouvoir & Juridiction des Directeurs particuliers des Hofpitaux des Villes. On leurs envoya auffi, des Reglemens tout dreffez, pour la conduite defdits Hofpitaux, affin qu'elle fut uniforme par-tout, comme eft la regle de chaque ordre Religieux: Auec liberté neanmoins d'ajouter ou diminuer à ces Reglemens, fuiuant la neceffité des lieux, par l'auis de leur Senat ou Commiffaires Protecteurs, du refort de leur Chambres Souverains, que nous appellons Parlemens en France, comme fera dit cy-apres.

7. On doit en France obferuer le mefme ordre. Vous fçauez les difficultez qui ont empeché, & qui empefchent encore à prefent, beaucoup de Ville d'établir ces hofpitaux, quoy qu'elles le fouhaitent & l'ayent tenté fouuent. Il y a des Evefques qui pretendent comme autrefois nommer & deftituer les Directeurs quand bon leur femblera, & faire prefider leurs grands Vicaires en leur abfence: Les Cathedrales, ne le veulent pas fouffrir, ny les Juges feculiers, ny les maifons de Ville.

8. La plus part des Parlemens, pretendent la Prefidence à l'exclufion des Evefques, difant qu'il eft queftion de Police. Les Juges ordinaires a leur exemple, le pretendent auffi, en beaucoup de lieux a l'exclufion des Eclefiaftiques: Et dans les Villes, ou la Police appartient aux Maires, & Efchevins; ils la pretendent privatiuement aux Officiers de judicature.

9. Ou

9. Ou ces difficultez ne se trouvent pas ; il s'en trouve, pour la conduite particuliere, & Reglemens des Hospitaux, chacun veut que son avis prevaille. Ces differends aigrissent les esprits ; nos Hospitaux ont besoin, pour s'etablir, maintenir, & augmenter, de l'union & de la bourse de tout le monde. Ces mesmes difficultez se trouverent a Rome & à Venise, mais tous obeirent sans murmure, quand ils virent que tout avoit esté reglé, par vne Ordonnance generale, sans la participation de ceux à qui on auoit attribué la principal authorité parmy les Directeurs.

10. Il faudra donc, suiuant cet exemple, vne declaration du Roy, qvi reglera toutes choses : Vous avez le projet de celle que nous auons dressée auec Monsieur du Plessis : Il faudra aussi, ennoyer a toutes les Villes, les Reglemens de l'Hospital General de Lion, ou du moins un Extrait que nous prenderez la peine de faire ; & d'y adjourer ce que nous auons jugé à propos d'y mettre. Cét Hospital de Lyon, a plus de rapport aux Villes des Provinces, que ce grand Hôpital General de Paris, à qui il faut une conduite particuliere.

11. Il seroit à souhairer, que M^r. l'Archevesque presidat à la Direction de celuy de cette Ville, & les autres Evesques dans leurs Villes Episcopales du moins, où ils peuvent quasi tout, à moins de cela, ces Hospitaux ne peuvent pas se bien establir, ny maintenir, dans les Villes Episcopales des Provinces.

Nota. *Que depuis la Mort de Mr. de Morangis, Mr. le Premier President du Parlement de Paris, a cedé genereusement la Presidence à Mr. l'Archevesque, & souffre d'en estre presidé, comme ces Directions, estant des assemblées de pieté : Neantmoins beaucoup de Parlemens ne veulent pas suivre son exemple, & beaucoup de Presidiaux qui sont hors de son Resort. Outre cela, il y a des Iuges, qui pretendent d'Office, mettre, & tirer de l'Hospital qui bon leur semble, sans la participation des Directeurs : Le Lieutenant general de Bourges, ent'autres, a rendu des Ordonnances pour cela, qui seroit exciter tous les pauvres contre les Directeurs, à leur faire procez, pour entrer ou sortir de l'Hospital : C'est pourquoy il faut une Declaration du Roy, suivant l'avis de Mr. de Morangis pour regler tous ces differends, meus, & à mouvoir.*

Continuation des Memoires de *Monsieur de Morangis.*

12. La Direction generale de Rome & de Venise, est composée de 14. personnes des plus qualifiées de l'Estat, sçavoir 12 Commissaires, d'un Procureur general, & d'un Secretaire ; & ont pour Chefs

K

38 & Protecteurs à Rome. *Le Cardinal Neveu*, & le Secretaire desCommandemens du Pape : Et à Venise *le Patriarche*, *le Chancelier*, *& le grand Secretaire de l'Estat.*

13. De mesme en France, la Direction doit estre composée de 4. Conseillers d'Estat, 4. Maistres des Requestes, 4. Deputez des Directeurs de l'Hospital General de Paris, d'un Procureur general, & d'un Secretaire, *& avant de les nommer*, sçavoir s'ils l'auront agreable. La capacité, seule, ne suffit pas : il faut du zele, de l'affection, & de la charité, pour s'y appliquer, comme il faut. Nostre Direction doit avoir pour Protecteurs, M. M. le Chancelier, & Secretaire d'Estat de la Maison du Roy. Je serois bien d'avis d'y adjoûter (*le grand Aumónier*) sans neantmoins qu'il puisse pretendre aucune Jurisdiction sur ces Hospitaux du Chef de sa Charge, il approche du Roy, & peut rendre de bons offices.

14. Ces Directeurs, & leurs Protecteurs, à Rome, & à Venise, se tiennent honnorez de leur Commission. Pour rendre leurs noms immortels, & se faire benir des peuples, ils la font enregistrer dans tous les Hospitaux, inserer leurs noms dans tous les actes de fondation, comme à l'ancienne Rome autre-fois (*Tels & tels estantConsuls*) & font mettre leurs Armes dans les bastimens qui se font de leurs temps; & dans la sale où ils s'assemblent, comme font nosChevaliers. Quand il en meurt qnelqu'vn, chaque Hospital fait dire un Service solemnel pour luy, fait communier les pauvres, & dire à son intention, un an durant, un *de profundis*, soir & matin. On peut faire tout cela en France.

15. Mr. Colbert en qualité de Secretaire d'Estat, signera les dépesches pour l'establissemët de cesHospitaux, & sera par consequent l'un des Protecteurs de la Direction. Il est aussi sur-Intendant des bastimens. Ces Hospitaux seront censez, bastimens Royaux, & de fondation Royale, en cette double qualité ses Armes y pouront estre mises ; à l'exemple de ces Royaumes d'Orient où la Police est merveilleuse, qui donnent ces recõpenses honorables, à qui travaille pour le public, iusques à leurs élever des statuës, pour convier les puissans à faire quelque chose d'utile pour les peuples. *Nos Cardinaux, Chanceliers, Secretaires & Ministres d'Estat, se tiennent honnorez d'estre les Protecteurs de nostre Académie Françoise ; A plus forte raison, tiendront-ils à honneur, de l'estre, à l'exemple du Cerdinal Neveu, de cette Direction generale, composée des premiers Magistrats de l'Estat ; pour l'establissement d'un œuvre si charitable, qui soulagera à iamais tous les pauvres du Royaume.*

CHAPITRE VIII.

Ce qu'il faut faire, pour que ces Hospitaux, & manufactures, s'establissent, dans toutes les Villes, en un an.

1. QUe la Declaration du Roy porte, comme celle de Rome & de Venise, injonction & commandement, comme il a esté dit, à toutes les Villes d'establir ces Hospitaux, 6. mois aprés avoir receu l'Edit, & d'envoyer dans ledit temps, les procez verbaux d'establissement aux Procureurs generaux des Parlemens de leur Ressort, avec ordre, ausdits Procureurs generaux, de les envoyer en mesme temps, au Secretaire de la Direction generale à Paris, avec leurs avis, & celuy des Commissaires, dont sera parlé cy-aprés, qui seront nommez en chaque Parlement, pour avoir un soin particulier, de l'establissement, meintien, & augmentation des Hospitaux de leur Ressort.

2. Que la Declaration du Roy, porte enoutre, injonction aux Parlemens, passé les *six mois*, d'envoyer des Commissaires faire les establissemens, aux frais, des Juges, & Habitans des Villes qui n'auront obey.

3. Que la Declaration porte aussi, que faute aux Parlemens d'y satisfaire, il descendera des Commissaires du Conseil à leurs frais. On a déja dit que toutes ces peines se trouveront *comminatoires*, comme il s'est veu à Rome, & à Venise; parce que les compagnies, ny les particuliers n'oseroient s'opposer à ces establissemens, de crainte de la peine : Et ainsi tous obeïront en France, comme on a fait en Italie, principalement, asteure que le Roy est absolu.

4. *Sous le Regne du Roy Henry II. Pour la reformation des Hospitaux, on ordonna par divers Edits, qu'ils envoyeroient au Secretaire de la Reformation, l'estat de leurs revenus, bastimens, &c. à peine de grosses amandes, personne n'obeissoit. On ordonna aux Juges des lieux de les y contraindre, & aux Parlemen d'y tenir la main, faute dequoy il descenderoit des Commissaires à leur frais; & tous obeïrent, dans le delay qui leur fut donné.*

CHAPITRE IX.

Pour animer le zele des Directeurs des Hospitaux des Villes des Provinces, & empécher le relachement.

1. COmme à Rome & à Venise, que la Declaration du Roy porte, que les Premiers Presidens des Parlemens, (qu'ils appellent Senat en Italie) ou Chambres Souveraines, nommeront tous les 3. ans, un Commissaire avec le Doyen, pour prendre un soin particulier, de l'establissement, meintien, & augmentation des Hospitaux de leur Ressort, & à qui lesdits Hospitaux s'adresseront pour toutes leurs affaires.

2. Qne la Declaration du Roy porte aussi, que les Communautez des Advocats & Procureurs, de chaque Parlement, nommeront un d'entr'eux tous les 3. ans, pour prendre soin gratuitement, des affaires desdits Hospitaux.

3. Que ladite Declaration ordonne en outre, que ces Advocats & Procureurs nommez, ces 2. Conseillers & Commissaires, s'assembleront tous les mois, avec le Procureur general chez le Premier President, où se trouveront deux Deputez des Directeurs de l'Hospital General du lieu, pour aviser aux moyens, d'establir, maintenir & augmenter lesdits Hauspitaux de leur Ressort.

4. Que la Declaration du Roy porte encore, que dans les Presidiaux, Sieges Royaux, & autres Jurisdictions, il y aura un Juge commis avec un Aduocat, & Procureur aux mesmes fins que dessus, qui s'assembleront pareillement tous les mois avec le Procureur du Roy, ou du Seigneur, chez le premier Magistrat, avec 2. des Directeurs de l'Hospital du lieu.

5. Les Directeurs des Hospitaux de chaque Ville, és Estats de Rome & de Venise, envoyent tous les ans, au commencement du Caresme, aux Commissaires du Senat de leur Ressort, les Estats de leurs Hospitaux, & manufactures, augmentations, faites, ou bonnes à faire, & les moyens pour faciliter l'execution. Il faudra faire le semblable en France.

6. Ces Commissaires, à chaque Feste de Pasque, envoyent le double des Estats desdits Hospitaux, au Secretaire de la Direction generale, avec leurs avis. Par mesme moyen la Direction generale de Paris, sçaura tout, & donnera ordre à tout. Les Religieux, ont

des

des Provinciaux & autres Superieurs , qui les visitent , pour meintenir la discipline parmy eux , & conserver leur temporel. Parmy les Jesuites, le General ne fait point de visites , comme les generaux des autres Ordres. Il a en chaque maison, un sur-veillant secret , qui luy en envoye l'estat tous les ans, avec les talens de chaque Religieux, & son avis touchant le Spirituel & le Temporel : En sorte qu'il est informé de tout , comme s'il visitoit chaque maison tous les ans.

CHAPITRE IV.

Pour animer aussi, & meintenir le zele & la ferveur de la Direction Generale de Paris; empecher le relachement , & faire connoistre au Roy tous les ans , les grands biens que produiront ces Hospitaux.

1. L'Intendant des Hospitaux des malades, presentoit tous les ans à S. Louis, & à Charles-magne , l'estat desdits Hospitaux. A Rome & à Venise , on le fait encore à present au *Pape* , & au *Dogue*, non seulement des mendians , mais de tous les autres.

2. De mesme , il sera bon que le Procureur general de la Direction, avec toute ladite Direction en Corps, presente A SA MAJESTE' tous les ans, à la Feste de S. Louis, un Extrait imprimé des Estats desdits Hospitaux, manufactures, Augmentations faites , & bonnes à faire , *sans qu'il en couste rien au Roy.* Avec l'ordre que ladite Direction aura donné pour cela, Par ce moyen ladite Direction sera obligée, de faire voir au Roy , tous les ans , qu'elles auront esté ses diligences; Cela l'animera, & empéchera le relachement.

CHAPITRE XI.

Qu'on doit faire imprimer à Paris, comme on fit à Rome, & à Venise, toutes les Declarations, Reglemens, & autres instructions qui seront necessaires, pour l'establissement de ces Hospitaux, & en envoyer gratuitement à tous les Parlemens, Villes, & Communautez, Evesques, Gouverneurs, & Intendans: & en donner aussi gratuitement à tous ceux qui en demenderont pour leur instruction: & prendre soin en outre gratuitement des affaires, que tous les Hospitaux du Royaume auront à Paris, comme on fait à Rome & à Venise.

Que cela ne coutera rien au Roy, ny à la Direction, faisant comme à Rome, & à Venise.

1. MOnsieur de Morangis faisoit offre pendant son vivant de fournir à tous ces frais. Son amy le fait à present.

2. Le reste du contenu en ce Chapitre est rapporté cy-dessus, art. 9. page 13. avec les autres offres de cét amy de Mr. de Morangis, pour contribuer à l'execution.

CHAPITRE XII.

Aprés que ces Hospitaux & Manufactures seront establies, pour rendre le nom du Roy immortel, celuy des Commissaires, & des Protecteurs de la Direction, qu'il faudra faire imprimer un livre, contenant les Declarations, Reglemens, procez verbaux d'establissement par Extrait, avec les difficultez qu'on y aura trouvées, & les remedes qu'on y aura apportez, pour y avoir recours en cas de besoin. Lequel Livre sera envoyé à tous les Hospitaux Generaux du Royaume, pou. leur servir de Regle à perpetuité.

1. CE Livre doit porter en teste le Panegyrique du Roy. Il faudra s'adresser aux Eloquens de nostre Academie Françoise.

2. Monsieur Pellisson écrit l'Histoire DE SA MAJESTE' Ce sera la plus belle partie de sa vie, qui le sera plus aimer à ses peuples, & le rendra plus recommandable à la posterité. Le zele animera la plume de cét Historien charitable. Il faudra l'en prier. Il est le maistre en ces matieres, son Panegyrique de l'an passé est vn Chef-d'œuvre, qui m'a charmé.

CHAPITRE XIII.

Qu'à Rome & à Venise, la Direction generale, à Inspection, sur les Hospitaux des pestiferez. & tous autres, & sous eux la Direction particuliere de chaque Ville.

Qu'il seroit à souhaiter que cela se fit en France.

1. EN Italie, & par tout ailleurs, on fait tout ce qu'on peut, pour empécher que la peste n'y soit apportée des Estats voisins. En France d'ordinaire on ne songe à remedier au mal, que quand la Ville est infectée, C'est un peu tard de crier au feu, quand la maison est à demy brûlée.

2. Pendant la derniere peste d'Angleterre qui fut tres-cruelle, le Roy fit deffences de trafiquer auec eux à peine de la vie; cependant, ie sçay qu'on y contrevint en divers lieux Maritimes, d'où l'on apporta les marchandises à Paris. Dans une petite Ville entr'autres, le mesme iour qu'on publia ces deffences, un Marchand fit entrer dans un port écarté un gros Vaisseau Anglois chargé de manufactures de laines, qui conservent & communiquent le mauvais air, plus que tout autre marchandise. Tout le peuple s'émeut, le Juge eût 200. pistolles; on fit passer le Vaisseau dans un autre Port plus éloigné, & fut déchargé de nuit, C'est avec l'Ennemy, & pendant les deffences, que se font les grands profits,

3. Quoy que ces natures de crimes soient publics, personne n'ose en privé nom entreprendre les coupables; la procedure du Palais, est longue, incertaine, & de grands frais. Les Juges ont des amis, & les Marchands ouvrent la bourse. Ces desordres n'arriveroient pas, si la Direction generale de Paris, avoit comme en Italie la Police touchant la Peste; les Directeurs particuliers des Hospitaux des Villes; donneroient avis de tout ce qui se passeroit. Ils tiendroient lieu de ces *Loups surveillans,* qui sont dans les Villes bien policées de ces Royaumes d'Orient, dont parle, *Fernamendez Pinto,* Historien Portugais, cité cy-dessus. Il dit que dans chaque Ville, il y a de ces *Loups inspecteurs,* qui donnent avis au Secretaire d'Estat de tout ce qui se passe au prejudice du Prince, & du peuple, conspirations, concussions, oppressions, &c. que par ce moyen il n'y a quasi iamais de conspirations, ny ne de violences, parce que les meschans sont persuadez, que leur

crime feroit fceu, & puny fouvent, auant d'avoir pû l'executer.

4. A Venife, ils font quelque chofe de femblable; & il y a vn coffret à la porte du grand Secretaire de l'Eftat, pour y pouvoir mettre de nuit les avis fecrets, avec promeffe de proteger, & recompenfer, ceux qui donneroient des avis importans. Si le mefme ordre eftoit eftably en France, on auroit empéché tant de malheureufes confpirations qu'on a formées diverfes-fois contre nos Princes, & on les empécheroit à l'avenir, & toutes feditions, & violences fur le peuple.

5. Mais du moins, fi la Direction generale de Paris, avoit l'intendance des Hofpitaux des Peftiferez, on empécheroit que la Pefte ne fut apportée fi aifément des Royaumes voifins, & on y remediroit promptement, fi elle avoit pris en quelque lieu. Tout cela fe peut faire fans qu'il en coufte rien au Roy, ny à la Direction, & fans peine pour ladite Direction, obfervant l'ordre de Rome & de Venife,

---

CHAPITRE XIV.

ESCROVELEZ.

La fubftance de ce Chapitre eft rapporté cy-deffus page 1. & fuivantes, à la referve de ce qui fuit. Pour y donner plus de iour, on repetera quelque chofe de ce qu'on a déja dit, a caufe de la confequence de cette matiere.

1. JE vous ay dit, (*c'eft Mr. de Morangis qui parle,*) avant l'eftabliffement de l'Hofpital General de Paris, les pauvres, malades de ce mal, mandioient dans la Ville, s'y rafraichiffoient, & ne s'en retournoient que les beaux iours ne fuffent venus, la douceur de la faifon, contribuoit à leur guerifon; & en effet, ils gueriffoient lors, quafi tous. Meintenant ils n'ofent mendier, de crainte d'eftre enfermez. L'Hofpital General eft que chofe de rude pour des languiffans; Il n'y a des baftimens commodes, & des revenus certains, comme i'ay dit ailleurs, que pour 2. à 3000. pauvres, & il y en a 8. à 9000. On couche plufieurs en vn lit. On n'y eft pas fecouru, comme la charité de Meffieurs les Directeurs le fouhaiteroit

2. Nos pauvres Efcroüelez, n'ofant donc, plus mendier dans Paris, n'y viennent que vers Pafque, qu'on les touche, & s'en retournent incontinent apres. La faifon eft encore rude, froide & pluvieufe, il en

meurt

meurt à present beaucoup , par les chemins en s'en allant , de pauvreté & de misere ; ce qui a donné lieu à ce faux bruit, que le Roy ne
les guerit plus , comme les ennemis de la France le publient.

3. Cependant , ie sçay qu'il en guerit comme au passé ; Vous le sçavez aussi , vous l'avez encore veû ces années dernieres en la personne de ces deux pauvres Menuisiers entr'autres , à qui vous procu-
râtes de la subsistance en cette Ville pendant six mois , pour estudier
les particularitez de leur guerison. Vos remarques là dessus sont curieuses , & de consequence , il faudra les faire sçauoir , principalement à M^r. le premier Medecin , qui est bien intentionné , & qui
poura contribuer auprés du Roy , à l'establissement de cét Hospital
pour ces pauvres malades,

4. S'il y en avoit un , où les rafraichir quelque temps , devant &
apré avoir esté touchez ; ces pauures malades gueriroient comme ils
faisoient avant l'Hospital General. Les Riches guerissent à present,
& les pauvres qui trouvent du secours à Paris , comme vous l'avez
experimenté ; il ne reste donc , qu'à leur procurer une retraite.

5. On peut leur bâtir un Hospital riche & superbe , comme i'ay dit,
sans qu'il en coûte rien au Roy , par les fonds innocens , dont ie vous
ay donné les memoires. Il y en a un entr'autres que les intelligens
disent devoir produire , *deux cens mille livres de rente,* ne donnez ces
memoires, qu'à des personnes, fort-charitables , de crainte qu'on ne
s'en serve à d'autres usages.

6. Dans la Turquie , parmy les Payens , dans la Chine , entr'autres , il y à des Hospitaux superbes, dans toutes les Villes , pour toutes sortes de malades, comme dit , cét agreable Historien Portugais,
qui le premier y a voyagé , dont vous m'avez rafraichy la memoire
avec bien du plaisir. Nos heretiques soulagent tous leurs pauvres. En
Hollande , il y a des Hospitaux pour tous, valides , & in-valides,
curables, & incurables.

7. Pour ce qui regarde nos malades des Escroüeles ; l'Apostre dit,
que les premiers Chrestiens recevoient tous au Baptesme , le don de
faire des miracles. Les uns le don de Prophetie , des Langes, de guerison, ou autre. Le Ciel n'a conservé qu'à nos Rois , cette grace , de
ces guerisons miraculeuses, C'est l'appanage de nos Princes , comme
fils aisnez de l'Eglise : C'est le partage & le droit d'aisnesse de la maison de J A C O B , qui éleve le Roy , & le met au dessus des autres
Princes Chrestiens , que l'Eglise ne regarde que comme ses cadets,
C'est pourquoy nos Rois ont grand interest , de contribuer , à meintenir le don de ces cures miraculeuses , & fermer la bouche à la medisence qui dit qu'elles cessent.   M

8, Quand Dieu confacre par des miracles, quelque lieu à fa gloire, il n'y a point de peuple, ny de Religieux, fi pauvres, qui ne trouvent moyen d'y élever des Temples & des Autels. A la Pifcine, comme il a efté dit, il ne gueriffoit *qu'un* malade par an, & il y avoit des Hofpitaux fuperbes pour *dix mille.* Nos Roys peuvent faire des miracles tous les iours, & celà les convie, de faciliter l'accez de leurs perfonnes facrees à ces pauvres malades, leur bâtiffant un Azile à Paris, ordonnant aux Hofpitaux des Provinces, fur leur paffage, d'exercer l'Hofpitalité en leur endroit, & faifant bannir dans Paris, un mois avant qu'on les touche, par la Gazette, & autrement, le iour, le lieu, & l'heure precife, de la ceremonie. J'en ay veu s'en retourner, qui eftoient de loin, fans avoir efté touchez. Des malades, & pauvres, fans intelligence, ne trouvent pas en peu de temps, dequoy fe faire porter au lieu où le Roy touche. S'il y avoit un Hofpital pour eux, on les y feroit porter, & on pourvoiroit à tout.

9. Les Chevaliers de S. Lazare autrefois, gouvernoient tous les Hofpitaux de l'Orient. Le Chef de leur Ordre eftoit dans Jerufalem. Leur charité eftoit fi grande, & leur humilité, qu'ils fe qualifioient *freres des pauvres, & des Lepreux.* C'eftoit la qualité la plus glorieufe, dont ils fe vantoient. Ils rendirent de grands fervices dans les Armées des Rois de France, en ces païs-là.

Pour reconnoiffance, S. LOUIS, en amena en France, & leur donna la donduite de plus de *2. mille, Hofpitaux & Maladreries, & l'intendance de tous ceux de fes Armées.* Outre cela plufieurs commandoient dans les Armées, comme font auiourd'huy nos Chevaliers de Malthe; & eftoient en grand credit & eftime, auprés des Roys & des peuples. Mais comme nous voyons les Religions les plus reglées tomber dans le relachement, ce mal-heur eftant arrivé à ces Chevaliers, on les dépoüilla de leurs biens, parce qu'ils en abufoient, & avoient abandonné le fervice des pauvres & des malades.

10. Leurs dernieres Bules, qui confirment leurs Privileges, les obligent d'avoir un Hofpital dans le Royaume, où fervir les pauvres fuivant leur inftitut, qui foit le chef de leur Ordre, à peine de demeurer décheus, *de leurs Privileges, & joüiffance de leur Temporel.* Ils peuvent fervir celuy de nos Ecroüelez: En faire le chef de leur Ordre, y bâtir pour loger leur principaux Officiers, & des Academies pour leurs ieunes Chevaliers, pendant leur Noviciat, comme ils avoient autrefois. Cela reftabliroit cét Ordre dans fon luftre, contriburoit à retirer leurs biens alienez, & à faire des Hofpitaux dans leurs maladreries és Provinces, pour les malades incurables, qui

tiennent lieu maintenant de lepreux , ce mal ayant cessé. Par ce moyen , ces bons Chevaliers gagneroient les bonnes graces , des Rois & des peuples , on leur feroit de nouveaux dons , au lieu de songer à les priver de leurs biens comme au passé.

11. Outre cela , si ces Messieurs les Chevaliers servoient cét Hospital genetal des Ecroüelez , cela contriburoit beaucoup à l'honneur & à la gloire de nos Rois. J'ay dit ailleurs , comme on presentoit au Roy des Juifs, avec grande pompe & magnificence, celuy qui avoit esté guery miraculeusement dans la Piscine. De mesme, le GRAND MAISTRE , de cét Ordre , à la teste de tous les Chevaliers, en habit de ceremonie pouroit presenter à sa Majesté les malades à toucher, avec une liste de ceux qui auroient esté gueris l'année precedente , qu'on donneroit à tous les malades , qui iroient publiant ces miracles par tout le Royaume , & les Nations estrangeres.

12. Je vous ay dit, que s'il y avoit un Hospital pour eux à Paris, qu'il seroit aisé de sçavoir d'une année à l'autre , tous ceux qui auroient esté gueris , que par mesme moyen , on feroit connoistre , que ces malades guerissent radicalement , sans que leurs enfans s'en ressentent , comme il arrive d'ordinaire à ceux que la medecine guerit. Vous avez esté le premier à faire cette remarque; elle est de s'y grande consequence , pour ces pauvres malades , & la gloire de nos Rois; que si les peuples en estoient persuadez , pour un, qui vient à presenr au Roy , il en viendroit des centaines , sans s'amuser aux Medecins; principalement les riches , qui n'y viennent maintenant , qu'aprés avoir languy de longues années , témoin ceux que vous connoissez. La crainte les retient , on les regarde comme des demy-lepreux. On craint que le mal ne passe aux enfans. Si la guerison radicale estoit publiée, ils y viendroient en foule, la teste haute, & pleins de confiance. *Comme ce Prince Lepreux , aux pieds du Prophete.*

13. Il vous sera facile, comme j'ay dit , de faire connoistre par tout, cette guerison radicale, il n'y aura qu'à faire informer sommairement, de l'estat des familles, de ceux qui ont esté touchez par le Roy, & les Rois ses predecesseurs, faire imprimer l'extrait de ces informations , & l'envoyer à tous les Evesques, & à tous les Curez du Royaume, car il y a de ces pauvres malades par tout, en tres-grand nombre, à la Campagne , aussi bien que dans les Villes , qui ne viennent point à nos Rois dans l'incertitude de la guerison. Vous ferez faire cette information sommaire & tout le reste de ce qui est dit cy - dessus , bien plus aisément que vous n'establissez nos Confrairies de la Charité, *pour l'accord des procez , & secourir tous les pauvres du Royau-*

me. Tout est facile comme vous sçavez , quand on est appuyé de
l'authorité du Roy.

14. Pour relever l'éclat de ces guerisons miraculeuses , donner au
Roy l'honneur & la gloire , qui luy sera deuë pour avoir establ̄y
cét Hospital superbe pour ces pauvres malades , & fair connoistre , ce
nouveau miracle de ces guerisons radicales ; ie souhaiterois qu'à la
teste du livre qui en parlera. Il y eust aussi, un Panegyrique particulier, en l'honneur du Roy pour en conserver la memoire à iamais : Et
qu'il fut encore de la façon de M^r. Pellisson. Je vous l'ay déja dit,
son Panegyrique de l'an passé m'a rauy.

CHAPITRE XV.

Malades incurables. Paralitiques & autres.

Escrivant cecy , il m'est venu une pensée , d'une autre charité,
qui produiroit encore de grands biens , & éleveroit la gloire du
Roy, au dessus de tous les Rois qui l'ont precedé, & qui le suivront,
sans que cela luy couste rien.

1. CEs fonds innocens dont ie vous laisse les memoires, produiront dequoy bastir un Hospital assez ample , pour ces incurables , & les Ecroüelez , tout ensemble , ces derniers ne l'occuperont
guere. Ils ne feront que s'y rafraichir , quelque temps , devant &
aprés avoir esté touchez : Le reste de l'année , cét Hospital sera vui-
de : Vous sçavez que dans Paris il y a un tres-grand nombre de pauvres malades ; *de maladies incurables* , qui perissent sans aucun secours.

2. Il n'ya que 180. lits dans nostre Hospital des Incurables , & il y a
plus dé mille de ces pauvres languissās, dans la Ville, delaissez& abandonnez sans aucun secours , pour les raisons qu'on dira cy-apres.
Vous avez veu ce pauvre Crocheteur Paralytique, dont on parla en vostre
Assemblée de Paroisse ; qui n'avoit ny parens, ny amis , qui estoit tout nud
au fort de l'Hyver , qui pourissoit dans ses ordures , dans un méchant trou
sur la paille. On ne pût le faire recevoir en aucun Hospital , ny luy avoir
aucune assistance reglée des assemblées de Paroisses. Il y a un grand nom-
bre, de miserables & d'abandonnez comme luy , en cette Ville.

3. L'Hospital general ne les reçoit point , il est sur-chargé , il n'a
des

DIEV GVERI LE PARALITIQVE.

Par-vostre diuine clemence
Mes pechès estant effacés

Math. 9.º chap.   20

Pour vous mieux seruir ga[...]
Mon Dieu [...]

des bastimens commodes, comme il a esté dit, & des revenus certains, que pour 2. à 3. mille pauvres, & en a 8. à 9. mille. Pour la mesme raison, l'Hostel-Dieu, ne les reçoit point, s'ils n'ont la fiévre. Ces pauvres incurables, Paralytiques & autres, languissent longues années sans fiévre, ils ne l'ont d'ordinaire que la veille de la mort.

4. Autres fois les Dames, qui prennent soin des malades honteux, leur donnoient les boüillons. Les assemblées aussi, des hommes de Paroisse, qui assistent les honteux valides, leurs donnoient quelque chose par mois : Ces secours ont cessé par le deffaut d'aumônes. Vous sçavez qu'il y a 15. à 20. ans, que les aumômes de vostre assemblée de S. Sulpice se montoient *20. à 25, mille livres, par an*; & meintenant *3. a 4, mille seulement, & neantmoins le nombre des pauvres, a doublé & triplé par-tout. Les questes des Prisonniers produisoient aussi, il y a 15. à 20. ans, 22. à 23 mille livres,* & à present, cela est reduit, à 2. *mille*, les autres charitez, ont diminué par tout à proportion.

5. Cela est cause; comme il a esté dit, que nos pauvres incurables sont abandonnez de tout le monde, on va aux plus pressez, & au plus grand nombre. Les Dames sont reduites, à ne pouvoir donner les boüillons, qu'aux malades honteux, qui ont la fiévre, & qui seroiēt en danger de mort sans un prompt secours. Les autres assemblées de Paroisse qui assistent les honteux valides, sont aussi reduits, à ne pouvoir assister que ceux, dont on peut soûtenir, ou relever les familles, leur faisant l'aumône vne fois ou deux ; au lieu que l'assistance de pauvres incurables doit estre continuelle, pendant toute leur vie ; En sorte que pour en assister un petit nombre, les assemblées de Paroisse seroient obligées d'abandonner les malades honteux, & leur familles, qui sont en tres-grand nombre.

6. Cependant : comme i'ay dit ailleurs, il y a des Hospitaux pour toutes sortes de malades, *curables & incurables*, dans la Turquie, dans la Chine, en Italie, en Hollande, & dans toutes les Nations, quasi du monde. Le Roy Salomon, comme i'ay aussi dit, en fit bâtir pour 10. *mille*, dans Jerusalem ; témoin le Paralytique de l'Evangile qui y avoit demeuré *38. ans.* Les Barbares mesmes, & les Sauvages en ont un grand soin, comme marque l'Histoire. *En Canada, dans le Groëland, dans le Perou ; la meilleure place de la Cabane, qui est leur maison commune, est pour eux, & pour les vieillards & orphelins, dont les parens sont morts ; leur portion est la meilleure, ils sont les premiers servis, & les valides se privent souvent du necessaire, pour leur fournir abondamment, ce dont ils ont besoin.*

N

7. En France, dans toutes les Provinces, ils sont receus, dans les Hospitaux Generaux, Maladeries, ou Hospitaux des malades. Il n'y a qu'à Paris, la Capitale du Royaume, une des Villes du monde, des plus riches, & des plus somptueuses, où il perit de ces pauvres incurables, à milliers, sans aucun secours : Car comme i'ay dit, dans l'Hospital, qui porte leur nom, il n'y a place que pour 180. & il y en a plus de *mille*, dans la Ville.

8. On peut les secourir tous, par le moyen de cét Hospital pour les Escroüelez : On peut le bâtir assez ample pour cela, les fonds innocens dont ie laisse les memoires suffiront, sans parler des aumônes qui n'ont iamais manqué pour les bonnes entreprises. Témoin tous ces miracles vivans, de tous ces Hospitaux generaux, qu'on a estably, & qu'on meintient en tant de lieux, sans quasi, aucun fond certain. S. Thomas de Ville-neuue, dont l'Archevesché ne valoit que 30. *mille* liures de rente, nourrissoit 1500. pauvres tous les iours. S. Charles-Boromée 3 *mille*. S. Jean l'Aumônier Patriarche d'Alexandrie 7 mille ; & Paris qui se vante d'estre la Capitale du monde, en grandeur, & en richesse, laisse perir ces languissans.

9. Saint Chrysostome ce grand Patriarche de Constanipole. Capitale lors de l'Empire Romain, fit tant par ses presentes exortations qu'il y fit bastir vn Hospital superbe à ces pauvres incurables. *Il tonnoit dans les Chaires, aprés les grands & les Puissans. Il leur reprochoit, que leurs chambres estoient dorées, & azurées ; leurs lits tout éclatans de broderies ; tandis que de pauvres Paralytiques, mémbres de J E S V S-CHRIST, estoient couchez à terre. Que les chevaux des riches estoient couverts chaudement l'hyver, & ne manquoient point de paille fréche en toute saison : & de pauvres incurables moribons, & languissans, qui estoient leur freres, malgré-eux, estoient exposez au froid & au vent, dans de pauvres chaumines, pareilles â l'estable de Bethleem ; & pourissoient sur une poignée de paille, infecte & puante, pour n'avoir pas de quoy en changer comme en avoient les mulets des grands Seigneurs.*

10. *Les riches, continuoit ce saint Docteur, pretendent s'excuser, disant qu'ils n'ont point connu les miseres de ces pauvres, ce qui sera, dit il, leur condamnation, pour ne s'en estre pas enquis, ne les auoir pas cherchez, & visitez, comme l'Evangile l'ordonne.* Infirmus eram, & non visitastis me.

11. *Mais ce qui augmentera leur crime, dit ce zelé, pere des Moribons ; C'est que les riches aprés avoir esté avertis de leur miseres, ne les ont point soulagées. Ces pauvres languissans, dit il, ces membres dessechez, n'ont point de pieds pour aller à la porte des riches. Ils n'ont point de ..*

mains, pour les estendre, & leur demander l'aumóne ; Ils n'ont que de
voix mourantes, qui poussent au Ciel des plaintes & des soupirs, qui at
tirent enfin, la colere d'un Dieu irrité, sur les familles de ces riches endur-
cis, sur les Villes & les Royaumes.

12. On peut, comme i'ay dit , soulager tous nos pauvres incurables,
sans qu'il en coûte rien au Roy , par les moyens que i'ay rapportez
cy-dessus, dés que vous y trouverez de la disposition, & pour l'establissement de nos autres Hospitaux , pressez l'execution sans aucun
relache. les bons desseins s'évanoüissent en France, si on ne met la
main à l'œuvre dés qu'on les propose. *Toute la vie se passe, à deliberer,*
comme on fera le bien , si on ne commence par l'execution, ce disoit le
Cardinal de Richelieu ; *& la mort vient, & le bien ne se fait pas. Les*
prudens du siecle, disoit ce grand Genie, alleguent pour excuse qu'il faut
du temps pour prevoir les difficultez qui pouront naistre, & penser aux re-
medes qu'on y apportera. Mais quand on propose des millions à gagner, di-
soit-il, on écoute les avis , & on y travaille sur l'heure. Qu'on ne fasse
donc, disoit-il, *pour les affaires de Dieu & des pauvres, que la centiesme par*
tie de ce qu'on fait pour les affaires du siecle, & tout ira bien. Tout le monde sçait que les entreprises charitables sont toûjours traversées ; elles
ne vaudroient rien sans cela. Le Demon les combat de toute sa force,
& il y a peu de zellez qui les deffendent avec la mesme force.

13. Le dessein ds nos Hospitaux pour enfermer les Mendians , est
generalement approuvée, L'Edit de 1662. en ordonne l'execution,
il a esté verifié. S. M. souvent a témoigné qu'elle souhaitoit qu'on y
travaillât. C'est pour quoy dés qu'on aura eu une response favorable
de S. M. Pressez aussi fortement. Presentez les proiets que nous
avons dressez des Declarations, des Reglemens, & de la forme de la
Direction, & tous autres memoires.

14. Pour nos malades, des Escroüeles; & nos pauvres incurables,
dés qu'on aura aussi obtenv le consentement du Roy ; sollicitez puis-
samment, qu'on leur prepare un appartement dans la maison des
Pestiferez de S. Louis ; attendant la construction de leur Hospital. Dans les Provinces ils ont enfermé leurs pauvres d'abord, dans les
maisons de Santé , attendant batir des Hospitaux. Si on commence
à assister nos Escroüelez, & Incurables, on continura, & l'Hospital
se bâtira ; Si on attend que l'Hospital soit bâty, pous les secourir , ils
courent grand risque de ne l'estre iamais. Témoin l'Hospital general de Paris. Si on avoit attendu des revenus suffisans , & des bastimens aussi amples qu'il faloit ; on n'auroit iamais renfermé les pauures. Il y auoit 12. cens ans , qu'on attendoit ces revenus certains, &

baſtimens commodes , ſans qu'ils fuſſent venus. On a commencé quaſi ſans fond , & cela a reüſſi.

15. De meſme pour les Soldats eſtropiez , tous les Rois avoient eu deſſein de leur pourvoir; S. M. a commencé par l'execution , on les a ogé d'abord , dans une maiſon d'emprunt , & on a commencé en-ſuite , ce ſuperbe Edifice , qu'on leur deſtine. Si le Cardinal Mazarin , auoit commencé de la ſorte , la fondation de ſon College des 4. Nations. Qu'il euſt fait élever dans vne maiſon d'emprunt, les eunes gens à qui il le deſtine , il y a long-temps , que ſon College eroit achevé. Les Religieux ſont les maiſtres , en matiere d'établiſ-emens. Dés qu'ils ont la permiſſion , ils ils ſe plantent en quelque néchante maiſonnette , proche du lieu où ils ont deſſein de baſtir. Ils ſçavent par experience , que s'ils attendoient que leur baſtiment ut achevé , qu'ils ſeroient en grand hazard de ne s'y eſtablir iamais. Et ainſi à leur exemple , dés qu'on aura eu l'agrement du Roy , tra-vaillez ſans relache à l'execution.

16. Comme nos eſprits en France, ſont impatiens. Qu'on voudroit cueillir , le iour que l'on ſeme. Qu'il y en a qui prennent pour viſions, ce qui ne produit pas du fruit ſur l'heure. Promettez à l'égard des Eſ-croüelez, qui regardent principalement la perſonne du Roy, que dans 4. mois vous preſenterez à S. M. une Liſte imprimée de pluſieurs mil-liers de ces malades , qu'il a gueris depuis ſon avenement à la Couronne : Que vous ferez ſçavoir dans toutes les Paroiſſes du Royaume , que l'on guerit radicalement , ſans que les enfans s'en reſſentent iamais , à quoy perſonne n'a encore pris garde ; ce qui at-tirera aux pieds de S. M. des centaines de ces malades , au lieu d'un qui y uient à preſent.

17. Pour cela , vous n'aurez qu'à écrire aux Eveſques , avec la per-miſſion de S. M. en qualité de Secretaire à futur de cét Hoſpital qu'on leur deſtinera. 1. *Que S. M. a reſolu de leur en faire bâtir un.* 2. *Qu'en attendant , S. M. a fait preparer un appartement pour eux à S. Louis , qui eſt la maiſon de Santé , pour les y recevoir dés le commencement du Careſ-me lors prochain.* 3. *Qu'ils ayent à le faire ſçavoir aux peuples , par les Curez dans leurs Proſnes.* 4. *Que les Curez ayent auſſi a leur dire , que ceux qui ſont touchez par nos Rois gueriſſent radicalement , ſans que les enfans s'en reſſentent iamais , comme font ceux que la medecine a guery. Qu'on aye à faire reflexion ſur les enfans de ceux qui auront eſté touchez, & gueris , qu'on verra cela par experience,* 5. *Que les Curez , ayent auſſi à avertir les peuples , que ceux qui attendent à l'extremité à ſe faire tou-cher ; qu'ils gueriſſent à l'égard de la cauſe , des Vlceres & de la douleur;*

Mais

Mais pour les membres estropiez, un œil perdu, par exemple, & des os tombez, que cela ne se rétablit pas; qu'ainsi, on aye à venir au Roy dés qu'on se sentira attaqué de ce mal. 6. *Pour en faciliter l'accez aux pauvres, que S. M. a ordonné à tous les Hospitaux sur leur passage, de les recevoir, & exercer l'Hospitalite en leur endroit, avec charité.*

18. Les Curez seront aussi avertis, de s'informer exactement de tous ceux de leur Paroisses, qui auront esté touchez & gueris par S. M. depuis son avenement à la Couronne. Et de la santé de leurs enfans, & de ceux que l'on sçaura auoir esté touchez & gueris par les Rois ses predecesseurs, & en envoyer une Liste à leurs Evesques, pour la faire tenir au Secretaire de l'Hospital de ces malades *pour estre presentée à S. M.*

13. Par ce moyen, dans 4. mois, S. M. sçaura le nom de plusieurs milliers de ces malades qu'elle a guery. Cette guerison radicale sera sceuë dans toutes les Paroisses du Royaume, ce qui attirera tous ces pauvres languissans aux pieds de S. M. & par-là, sadite M. sauvera des milliers de ses Sujets, qui n'y viennent point à present, & qui perissent pour les raisons dites cy-dessus.

19. Je vous ay aussi dit cy-devant, à qui vous pouvez vous adresser pour l'execution de nos bons desseins. Parlez-en à Mr. Voisin, que i'ay pris pour Coadjuteur de la Direction de nostre assemblée des prisonniers: Il est tres-éclairé, & tres charitable comme vous sçavez. J'ay jetté les yeux sur luy, *voyant que la mort est à ma porte.* Je ne vous parle point de Mr. du Plessis qui est l'ame de ce grand dessein, vous sçavez qu'il ne faut rien faire sans son avis; mais il ne faut pas qu'il paroisse, pour les raisons qu'il nous a dites, dans nostre derniere conference.

20. Ceux à qui vous vous adresserez, pour les persuader, ne leur faites point de longs discours, il est difficile à Paris, comme vous sçavez, d'avoir de paisibles audiences, des personnes occupées. Avant de leur parler à fond, envoyez leurs vos memoires, avec priere de les lire à loisir; & vous marquer, le iour & l'heure qui leur sera commode, pour venir recevoir leur réponse. Si vous estes libre avec eux, priez-les, aprés qu'ils les auront veus, de faire tout ce qu'ils voudroiet avoir fait, pour l'execution, *le iour de la mort.* Il n'y a point d'homme ce iour-là, qui ne voudroit avoir imité toutes les actions de charité des plus grands Saints. Un bon Missionnaire peu éloquent, mais tres-zelé, tiroit de moy, tout ce qu'il vouloit par ce compliment.

21. En finissant, il faut que ie dise encore, qu'il n'y a rien qui contribuë à rendre la gloire des hommes immortelle, comme les basti-

O

mens pour l'utilité publique. Un simple Bourgeois d'Athenes, nommé *Academus*, donna sa maison à des Philosophes pour tenir leur Conferences. Cette Republique a pery, avec le nom de tous ceux qui la gouvernoient-lors, & celuy des Rois, & des Princes, dé ce sieclelà, & le nom d'un petit Bourgeois, vit encore, & vivra à iamais, dans la bouche des sçavans. Ils tiennent à hôneur, de faire porter son nom, à leurs assemblées les plus celebres. Ils les appellent *Academies*, à cause de luy.

22. L'écriture, éleve aussi si haut, la gloire de SALOMON, pour avoir basty le Temple & les Hospitaux qui l'accompagnoient, *avant d'avoir basty son Palais*, & que Dieu pour recompence, *d'avoir construit la maison de son Seigneur, & des pauvres, avant la sienne*. Le fit joüir d'une paix profonde toute sa vie; le fit aimer, honnorer, & respecter de tous les Rois ses voisins, & le combla de ces richesses immenses, de ces Palais superbes, & en si grand nombre, & de ce train pompeux, & magnifique, qui l'accompagnoit par tout. Ce qu'on ne sçauroit croire d'vn petit Roytelet, comme il estoit, si l'écriture ne l'asseuroit. S. M. doit attendre, les mesmes recompenses, si elle establir nos Hospitaux generaux.

23 Enfin, ie prie le Ciel, de rechef, qu'il vous comble de ses graces, pour l'execution de nos bons desseins. Je vous dis aussi de rechef, si tous vos soins ne peuvent rien produire; Avant de vous retirer dans vostre Province, faites imprimer tout ce que ie vous laisse, & vos remarques particulieremét, touchant la continuation de ces guesons miraculeuses de ces malades des Escroüeles. Donnez-en à tous les charitables, particulierement au R. P. Confesseur du Roy. Il trouvera des momens favorables, comme firent ceux, de S. Louis & de Charle-Magne. Je verray du Ciel auec joye, si Dieu me fait misericorde, l'heureux succez de nos Conferences.

FIN

Des Memoires de Monsieur de Morangis.

CHAPITRE XVI.

REMARQVES CVRIEVSES ET DE consequence de l'amy de Monsieur de Morangis ; touchant la façon, dont ont guery ceux qui ont esté touchez par le Roy, & les Roys ses predecesseurs ; & comme il se trouve quatre miracles, en ces Cures.

1. LA cure commence, par un *simple attouchement*. C'est le premier miracle, tout le monde sçait celuy-cy , & croit qu'il n'y en a point d'autre.

2. La cure s'acheve, par un cours de ventre , qui prend incontinent aprés qu'on a esté touché , qui dure 5. ou 6. mois , iusqu'à ce qu'on ne soit parfaitement guery, Ce cours de ventre fortifie au lieu d'affoiblir. Cela est contre routes les regles de la Medecine. C'est le second miracle dont personne n'a parlé.

3. Ceux qui ont esté touchez, guerissent *radicalement* , sans qu'il passe aucune *tache* de leur mal , à leurs enfans , comme il fait d'ordinaire , à ceux, dont les peres ont esté gueris par les Medecins. C'est le troisiéme miracle , dont personne n'a aussi parlé.

4. Enfin, le quatriéme de ces miracles ; c'est que les Heretiques guerissent ; des Catholiques touchez en peché mortel n'ont pas esté gueris : & l'annéee d'aprés l'ont esté , s'estant confessez & communiez , avant de se faire toucher.

Voicy ce qui a donné lieu, à l'amy de Mr. de Morangts, de faire ces remarques.

1. Il demeure en Province , y estant , l'an 1663. il entendit en une assemblée publique , une personne qualifiée, qui uenoit de Paris, qui est morte depuis , qui disoit que le Roy ne guerissoit plus les Escroüeles , au contraire que la plus-part de ceux qu'il touchoit mouroient , & que ceux de Paris , & des environs, n'y alloient plus.

2. Ce faux bruit, parut de consequence à l'amy de Mr. de Morangis. Il dit ce qu'il falloit à la personne qui le publioit , & s'appliqua à sçavoir par experience ce qui en estoit. Il trouva , comme il a esté dit cy-dessus , page 1. 2. & 3. des riches gueris, que toute la medecine

n'avoit pû soulager pendant 10. & 12. années. Il trouva aussi, des pauvres qui avoient esté gueris: Et d'autres à la verité , qu'on disoit morts par les chemins en revenant, de pauvreté & de misere, pour n'avoir ozé mendier à Paris, pour s'y reposer, & rafraichir, comme on faisoit autre fois avant l'establissement de l'Hospital general. Ce qu'ils n'osoient plus faire , de crainte d'y estre enfermez,

3. Il trouva aussi , comme il a esté dit , qu'ils avoient guery par un cours de ventre , qui les avoit pris incontinent aprés avoir esté touchez , sans avoir pris *aucun remede* , que cela les avoit fortifié , au lieu de les affoiblir , & que des Ouvriers , qui ne pouvoient travailler , avant d'avoir esté touchez , avoient travaillé incontinent aprés. Ce qu'il a encore veu à Paris en 1672. en la personne de 2. Menuisiers , dont sera parlé cy-apres , à qui il procura de la subsistance pendant six mois, pour estudier les particularitez de leur guerison.

4. Il a trouvé encore , comme il a esté dit cy-dessus, que les enfans de ceux qui ont esté touchez par nos Roys, n'ont point esté sujets à ce mal , comme plusieurs de ceux qui ont esté gueris par les Medecins, & comme on voit d'ordinaire ceux des gouteux , & graveleux, sujets au mal de leurs peres. Le Ciel ne guerit pas à demy quand il s'en mesle. *Le Prince de Syrie* devint plus sain qu'il n'estoit devant sa Lepre, *Marie sœur de Moyse* , comme il a esté dit, devint plus belle, qu'elle n'estoit , apres sa guerison miraculeuse.

5. L'an 1665. l'amy de Mr. de Morangis, vint à Paris, pour de miserables procez qu'il n'avoit pû accommoder, quoy qu'il fit offre de consigner le double pour le dedit, comme il fait en tous ses procez, à quoy il ne peut parvenir, ses parties prenant ses offres pour des marques , de crainte , & de deffiance de son bon droit , faute qu'il n'y a une amande contre le refusant Arbitrage , suivant le dessein du Roy Henry IV. pour abolir la chicane. Estant donc à Paris , il voulut encore , s'informer plus particulierement des guerisons de ces malades touchez depuis peu par le Roy. Il trouva comme en Province , des pauvres, & des riches gueris. Il rencontra entr'autres deux jeunes Menuisiers , dont l'un estoit Flamand , & l'autre de son pays, qui venoient d'estre touchez, qui avoient les Escrouëles aux bras, & qui ne pouvoient presque s'en servir : Il leur procura de la subsistance à Paris pendant six mois, pour les y arrester , & estudier parfaitement les particularitez de cette cure. Au bout des six mois , ils se trouverent entierement gueris, & s'en allerent. Il remarqua donc , comme il a esté dit cy-dessus , que trois jours aprés

avoir

avoir esté touchez, il leur prit un cours de ventre qui dura six mois,
qui au lieu de les affoiblir, les fortifioit, qu'ils se mirent à travailler, &
guerirent sans user d'aucun remede. Sur leur playes & ulceres, ils
mettoient seulement, une feüille de chou, ou de lierre, pour empécher la chemise de s'y attacher.

6. Il a aussi trouvé, comme il a esté dit cy-dessus, que des Heretiques ont guery, & des Catholiques ne l'avoient pas esté, qui furent
touchez en peché mortel, & l'année d'aprés qu'ils furent gueris,
s'estans confessez & communiez avant de se presenter au Roy.
L'histoire Ecclesiastique dit, que les *malades Payens guerissoient au*
tombeau de S. Cosme & S. Damien, & que les Chrestiens ne guerissoient
pas, s'ils n'avoient ieusné, & communié. Ces deux grands Saints, nobles, & riches s'appliquerent à la medecine, pour l'enseigner & pratiquer gratuitement, & empescher les Medecins Payens & libertins
de corrompre beaucoup de Chrestiens malades qui les appelloient.
Cela leurs reussit auec tant de succez, & par là convertirent-mesme
tant de Payens malades, qu'ils eurent nombre de disciples, & l'E-
glise ne souffrit ensuite, que les Ecclesiastiques exercer, & enseigner
la medecine. Cét usage est venu iusques au dernier siecle. L'an 1580.
seulement, le Cardinal de *Toute-Ville,* Legat en France, permit aux
Medecins de Paris de se marier, du consentement des Chanoines de
N. Dame, qui estoient les anciens Docteurs de la Faculté : Et encore
aujourd'huy les graduez en medecine parviennent aux Benefices, en
vertu de leur degrez *suivant le Concordat,* titre 13. Ce qui fait voir,
côbien l'Eglise a toûjours estimé le soin de procurer la santé du corps,
parce que par-là on parvient aisement à la guerison de l'ame. C'est
pourquoy nos Rois, pour seconder les saintes intentions de l'Eglise,
leur bonne mere, qui les favorise en aisnez, de ce don miraculeux de
guerison, doivent en faire ressentir les effets salutaires, au plus grand
nombre de malades qu'ils pouront. Ils peuvent en guerir des *millions*
plus qu'ils ne font, faisant construire pour ceux qui sont pauvres,
comme il a esté dit, un Hospital à Paris : En attendant, les logeant
à S. Louis ou ailleurs ; les faisant aussi loger dans les Hospitaux sur
leur chemin, & faisant sçavoir aux riches cette guerison parfaite, &
radicale, sans aucun sujet de crainte pour leur posterité. Ce qui attireroit des millions de ces malades aux pieds du Roy, qui n'y viennent
pas à present, pour les raisons cy devant dites.

7. L'an 1671. l'amy de M^r. de Morangis passa la semaine Sainte
aux Peres de l'Oratoire de Montmorency. Il visitoit les peuures malades du lieu, auec le Pere de Launay, tres-sçavant & tres-charitable,

qui y estoit lors Superieur , & qui l'est à present à la Rochelle. A
l'exemple du Baron de Ranti ce grand serviteur de Dieu , il distribuë
aux pauvres gens par charité , un certain purgatif, qui guerit toutes
sortes de maladies curables par la purgation, promptement , seure-
ment , à peu de frais , & d'une façon qui tient du miracle. L'assemblée du Clergée de 1670. par acte du 17. Novembre , a exorté tous
les Prelats, d'en establir la distribution dans leurs Dioceses pour le
secours des pauvres, sur l'attestation de plusieurs Evesques qui l'a-
voient déja fait, avec grand succez.

8, Ces purgatifs guerissent aussi , des escroüeles. Plusieurs en ont
guery , dans l'Hospital du Duché de Luynes , entr'autres. Monsieur
Gautier l'a écrit, qui est un saint Prestre, qui en est Directeur. Cependant l'amy de Mr. de Morangis conseille tous les malades de ce
mal, d'aller au Roy , comme au remede le plus prompt, & le plus
asseuré pour le malade, & sa posterité. Il trouva dans ce Village de
Montmorency, & aux environs ; grand nombre de ces malades qui
ne vouloient point se faire toucher. Ils disoient que cela ne guerisoit
plus ; qu'il y en estoit allé du lieu, qui n'avoient pas guery.

9. Il s'informa exactement de cela , ces pretendus non-guetis
estoient allez demeurer ailleurs, il trouva par le rapport de leurs
parens, qu'ils avoient guery ; un entr'autres , qui y auoit esté iusques
à 3. fois. Peut-estre que les deux premieres il estoit en peché mortel,
qui avoit empeché la guerison, comme à celuy dont on a parlé cy-
dessus. S'il y avoit un Hospital, on leur feroit à tous se confesser,
avant d'estre touchez.

10. Cependant, ces malades de Montmorency & des environs qui
n'estoient qu'à 4. lieux du Roy n'y vouloient pas aller, il falut à ces
bons Peres , & a lamy de Mr. de Morangis leur loüer une charette,
la payer, & les frais du voyage pour les y conuier ; & cela fut inutile,
pour auoir arriué trop-tart, plusieurs autres venus de plus loin, ne
furent point touchez non-plus, pour auoir esté mal informez de
l'heure. Cela n'arriueroit pas , s'il y auoit vn Hospital ; On y sçauroit le jour, & l'heure precise ; & comme a dit Mr. de Morangis cy-
dessus, attendant cet Hospital ; il feroit à souhaiter , qu'on publiât le
jour & l'heure de la ceremonie quelque temps auparauant.

11. Dans les Provinces de mesme, comme au tour de Paris , plusieurs
ne veulent plus venir au Roy , depuis ce faux bruit, de non guerison,
& l'establissement de l'Hospital General de Paris, qui empéchent ceux
qui sont pauures d'y mendier, s'y reposer, & rafraîchir.

12. Il y a des Medecins qui contribuent à faire croire cette non-guerison du moins, ils disent qu'elle est incertaine. Ils tirét grand profit des

maladies des riches, elles durent d'ordinaire, toute la vie, & il faut des remedes continuellement. Quand les riches seront persuadez, de cette guerison radicale, ils auront d'abord, recours à nos Rois. Tout le Royaume le sçaura dans 4. mois, tenant l'ordre, que Mr de Morangis a dit cy-dessus. Son amy fait offre, de faire *gratuitement*, toutes les depéches qui seront necessaires pour cela.

CHAPITRE XVII.

Ceux à qui l'amy de Mr. de Morangis s'est adressé, pour l'esta-blissement de cét Hospital des Escroüelez. Et qu'elles ont esté ses negociations pour cela.

1. IL dit icy leur noms, comme il a fait cy-deuant, ceux à qui il s'est adressé pour l'establissement de ces Hospitaux generaux pour les mendians; afin, que si ces desseins ne s'executent pas tandis qu'il sera à Paris, que ceux qui viendront aprés luy, qui auront mouvement pour l'entreprédre, sachent les charitables a qui se pouuoit s'adresser, & quand ils seroient morts; que leurs noms seruent, & leur memoire pour exciter ceux qui auront de la charité, & de l'authorité cóme eux.

1. Suivant l'auis de Mr. de Morang. il s'est donc adressé à Mr. Pellisson, qui est un miracle de charité pour toutes les bónes entréprises: qu'on ne crainne pas de l'aborder quand on n'en seroit pas connu, il recoit tout le monde, auec une bonté, & vne douceur admirable. Monsieur Loyseau, est aussi tres charitable, d'un accéz facile, & tres-affable.

2. Par Monsieur Pellisson, il a fait sçavoir à Mr. Daquain premier Medecin du Roy, le dessein de Mr. de Morangis, & les remarques de son amy, touchant ces guerisons miraculeuses des escroüeles, il a souhaité de les auoir au long; il les luy a enuoyé, il appuye fort le dessein de cét Hospital, & dit qu'il y a long temps qu'il le souhaite.

3. Mr. Pellisson a aussi eu la bonté de presenter un Placet à Mr. le Cardinal de Bouillon, contenant la substance de tout ce que dessus. En qualité de grand Aumônier, il a inspection sur ces ma-lades, il est tres-bien intentionné pour cela, & pour tout le bien qu'on luy propose; Il peut beaucoup auprés du Roy.

4. Il s'est aussi adressé à cét Illustre & zelé Missionnaire, le R. P. Chaurand, dont on a parlé cy dessus, à qui le R. P. de la Chaize, Confesseur du Roy, a promis tout ce qui dépendroit de luy auprés

de S. M. pour cét Hospital des Escroüelez , & incurables , & ces
autres Hospitaux pour renfermer les mendians ; & la fait auec beaucoup de bonté & d'affection , il appuye tous les bons desseins.

5. Pour persuader les Chevaliers de S. Lazare à servir cét Hospital
des Escroüelez , & incurables ; il s'est adressé au R. P, Toussaint,
Carme reformé des Billettes , qui est leur Patriarche dans ce siecle.
Ses soins ont beaucoup contribué à ressusciter cét ordre. Ces Chevaliers souhaitent fort, de servir cét Hospital , & faire tout le reste de
ce qui est cy-dessus , pour donner un nouvel éclat , à l'honneur,
& à la gloire qui en viendra à S. M. & à leur ordre.

CHAPITRE XVIII

Offres de l'amy de Monsieur de Morangis pour contribuer é l'é-
tablissement de cét Hospital pour les malades des Escroüeles.

Faire voir au Roy dans 4. mois , une Liste de plusieurs milliers
de ces malades qu'il a guery depuis son avenement à la Couronne.

Faire voir à l'avenir à S. M. tous les ans, ceux qu'elle aura
guery chaque année.

Et enfin , faire connoistre , que l'on guerit si parfaitement , que
les enfans des gueris ne s'en ressentent iamais ; à quoy personne
n'a fait reflexion iusqu'à present.

Ce qai attirera aux pieds du Roy , tous les malades de ce mal,
dès qu'ils se trouveront attaquez , des lieux les plus éloignez , du
Royaume , & des Nations estrangeres. Pour y parvenir.

1. L'Amy de Monsieur de Morangis fait offre , de donner à ceux
à qui il plaira au Roy de nommer , les memoires de ces fonds
innocens de Mr. de Morangis , pour la construction de cét Hospital,
dont il y en a un , qu'il pretendoit devoir produire *deux cens mille li-*
vres de rente.

2. Il fait aussi offre , *gratuitement,* en qualité de Secretaire à futur
ou de Commis du Secretaire , de cét Hospital qu'on leur destinera,
de faire toutes les depéches necessaires , aux Evesques, & aux Curez,
pour auoir une Liste de tous ceux , qui ont esté touchez & gueris par
le Roy , depuis son avenement à la Couronne.

3. Il fait encore offre, *gratuitement,* tandis qu'il demeurera à Paris,

de

de faire les depéches qui seront necessaires ausdits Seigneurs Evesques & Curez, pour avoir la liste de ceux que le Roy aura guery chaque année, pour estre presentée à S. M. aux iours qu'il touchera, & donnée à ceux qui seront touchez, pour estre rependuë dans les Provinces, & Royaumes estrangers, afin de persuader les incredules qui doutent du miracle, & fermer la bouche à la medisence.

3. Item, l'amy de Mr. de Morangis, fait encore offre, de faire toutes les depéchent qui seront necessaires, pour faire informer sommairement, *sans qu'il en couste rien au Roy*, comme les enfans de ceux qui ont esté gueris, par l'attouchement de ses mains, & des derniers Rois ses Predecesseurs, n'ont resenty aucune atteinte de ce mal, ainsi qu'il arrive d'ordinaire aux enfans de ceux que la medecine guerit.

4. Item, il fait aussi offre à ses frais, de faire imprimer ce Liure, dont Mr. de Morangis estoit d'avis, qui contiendra l'extrait de ces informations sommaires, touchant ces guerisons radicales, auec le nom de tous ce grand nombre de milliers de malades gueris par S. M. lequel Liure il fait offre d'envoyer à ses frais à tous les Evesques, & vn extrait à tous les Curez du Royaume.

4. Enfin, il sera à souhaiter, que ce Livre qui portera la preveu de ces remarques curieuses & de consequence, qu'a fait l'amy de Mr. de Morangis, porte à la teste le Panegyrique du Roy, de la façon de Mr. Pellisson, s'il luy plaist, comme Mr. de Morangis l'en prie par ses memoires.

CHAPITRE XIX.

CONCLVSION.

ESCROVELEZ.

1. IL se voit, par ce qui a esté dit cy-dessus, que les malades de ce mal, touchez par le Roy, guerissent comme ils faisoient autrefois, quand ceux qui sont pauvres, trouvent à Paris, du secours pour s'y rafraichir, & des aumônes dans les Provinces en s'en retournant.

2. Que le faux-bruit, de la non-guerison, est venu comme il a

esté dit, de ce que depuis l'establissement de l'Hospital general de Paris, ils n'osent y mendier, pour s'y rafraichir comme au passé, de crainte d'estre renfermez, ce qui les oblige de s'en retourner incontinent aprés auoir esté touchez, qui est d'ordinaire à Pasque, & la saison est encore rude pour des languissans; en sorte qu'il en est mort un grand nombre dans les Provinces: Ce qui a donné lieu aux ennemis de la France de publier que le miracle de la guerison auoit cessé,

3. Outre cela, beaucoup d'Hospitaux sur leur passage reffusent de les loger, comme il a aussi esté dit, sous pretexte que leur mal se peut communiquer, *quoy qu'on les reçoive à l'Hostel-Dieu de Paris, quand ils ont fievre*, & ce deffaut de secours, contribuë encore à la mort de plusieurs.

4. En sorte, qu'il y a des milliers de ces malades, comme il a esté dit; car il y en a par tout le Royaume en tres grand nombre, qui n'osent venir au Roy.

5. Auec cela, il y a des Medecins interressez, qui fomentent ce bruit de la non-guerison : du moins, qui disent que la gueri ō est fort incertaine, pour empécher les riches d'avoir recours au Roy, à cause du profit qu'ils tirent de ces longues maladies : Joint que les riches cachent ce mal, qui passe pour vne espece de lepre, & qui empéche qu'on ne s'alie avec eux.

6. Mais s'ils estoient asseurez, comme il a esté dit, qu'on guerit parfaitement, & radicalement, sans qu'il passe aucun reste de levain aux enfans, comme à ceux que la medecine guerit, il viendroit aussi, au Roy, des milliers de ces riches malades, qui n'osent y venir, à present. Ils seront persuadez de cette parfaite guerison, quand on en aura informé sommairement, & publié l'extrait de ces informations dans toutes les Paroisses du Royaume : & averty les peuples, qu'ils peuuent le voir eux mesmes par experience, faisant reflexion, sur l'estat des enfans, de ceux qui ont esté touchez, & gueris, par nos Rois.

7. A l'égard des pauvres, comme il a esté dit, il en viendra aussi des milliers aux pieds du Roy, qui n'y viennent pas, si on ordonne aux Hospitaux des Provinces de les loger, & qu'on leur procure, un Hospital commode à Paris, pour s'y rafraichir.

8. Il se voit aussi, par les memoires de Mr, de Morangis, qu'on peut leur en bastir un, riche & superbe, par ces fonds innocens, dont il a laissé les memoires, *sans qu'il en couste rien au Roy.*

9. Il se voit encore, par ces memoires, que dés que le Roy aura resolu de secourir ces pauvres Escroüelez, qu'il sera bon, attendant

la conſtruction de leur Hoſpital , de leur preparer vn appartement dans S Louis pour les y recevoir dés le Careſme lors prochain , & le faire ſçauoir par les Eveſques , à toutes les Paroiſſes du Royaume, auec l'ordre du Roy , aux Hoſpitaux des Provinces , pour les loger en paſſant. On trouvera de iour à autre , par ces fonds innocens , de quoy fournir à la dépence qu'il faudra faire a Paris pour eux.

10. Les memoires de Mr. de Morangis adjoûtent,qu'on peut par la *voye qu'il marque , ſçavoir en 3. ou 4. mois les noms de pluſieurs milliers de ces malades,que S. M. a touchez , & guery depuis ſon avenement à la Couronne , dont il ſera bon de luy preſenter une liſte imprimée.*

11. Qu'on peut auſſi par meſme voye , ſçauoir les noms de tous ceux qui auront eſté gueris chaque anné , & en preſenter la liſte à. S. M. lors qu'il touchera les malades , & en donner à ceux qui ſeront touchez , qui les répenderont par tout le Royaume , & les Nations eſtrangeres. Ce qui feroit benir le Roy par tous les peuples , & donneroit un nouvel éclat à ce don miraculeux de gueriſon , attaché aux perſonnes ſacrées de nos Rois.

12. Et enfin , que pour conſerver à iamais la memoire . de l'obligation que ces pauvres malades auront à. M. pour la conſtruction de cét Hoſpital , pour auoir ordonné à ceux des Provinces de les loger en paſſant , & avoir fait connoiſtre par ces informations ſommaires, cette gueriſon parfaite & radicale , les memoires de Mr. de Morangis portent , qu'il ſera bon de compoſer vn livre avec le Panegyrique de S. M. qui contiendra l'extrait de ces informations , & les noms d'vn grand nombre de perſonnes gueries , qu'on envoyra aux Eveſques, pour perſuader les peuples , ce qui rendra la memoire du Roy immortelle. Pour avoir prrocuré de ſi grands ſecours à ces pauvres malades.

CHAPITRE XX.

INCVRABLES.

PARALITIQVES ET AVTRES.

1. IL a eſté dit cy-deſſus, que dans l'Hoſpital des Incurables à Paris, il n'y a place que pour 180. malades ; & qu'il y en a plus de *mille* dans la Ville, qui ſont delaiſſez & abandonnez , qui pourriſſent ſur la paille, ſans aucune aſſiſtance , & que le Roy peut les ſecourir tous. *ſans qu'il en couſte rien à S. M.*

2. *On a aussi dit, qu'on ne les reçoit point à l'Hospital general, ny à l'Hostel Dieu, s'ils n'ont fiévre, parce que ces maisons sont surchargées. Qu'ils n'ont point les boüillans des Dames, comme autre-fois; & ne tirent plus aucune assistance tous les mois, des assemblées qui prennent soin des pauvres honteux, parce que les aumônes cy-devant, dans les grandes Paroisses qui estoient de 24. & 25. mille livres, par an, ne se montent qu'à 3. & 4. mille, & dans les autres Paroisses, à proportion, en sorte qu'on est reduit à n'assister, que les plus pressez, les honteux febricitans, en danger d'vne prochaine mort, où les familles, qu'on peut soûtenir, ou relever, leur faisant l'aumône, vne fois ou deux; au lieu que celle pour les incurables doit estre continuelle, pendant toute leur vie.*

3. Il y a des Hospitaux, comme il a esté dit, cy-dessus, pour toutes sortes de malades, *curables & incurables*, dans toutes les nations quasi du monde, où la porte est ouverte à tous ceux qui en ont besoin. Dans la Turquie, entr'autres, dans la Chine, dans la Hollande, & dans toutes les Villes d'Italie. SALOMON seul, à ses frais, comme on a remarqué, en fit bastir pour 10. mille, en sa Ville capitale. Dans les Provinces en France, on reçoit ces incurables infortunez dans les Hospitaux generaux, ou dans ceux des malades. Il n'y a que la seule Ville de Paris, qui dans l'Hospital qui leur est destiné, n'en assistent que 180. & en laisse perir plus de mille sans aucun secours; & cependant Paris est la Capitale du Royaume, & l'vne des Villes du monde la plus riche, & la plus somptueuse en toute sorte de dépensées vaines-mesmes, & superfluës.

4. Mais comme il a esté dit, S. M. leur peut survenir à tous, sans qu'il luy en couste rien, par ces fonds innocens, dont Mr. de Morangis a laissé les memoires; qui suffiront, pour le bastiment, & entretien, d'vn Hospital assez ample pour eux & les Escroüelez, qui ne l'occuperont qu'vne petite partie de l'année; sans parler des aumônes, qui sont les tresors de la Province, qui n'ont iamais manqué pour le soustien des actions de charité; Témoin l'Hospital general de LYON, estably dés l'an 1535. qui n'a pas des revenus certains pour le tiers de ses pauures, & qui asseure neantmoins, n'avoir manqué d'avcune chose pendant les Pestes-mesme, les famines & les Guerres tres-cruelles de la Religion, qu'elle a essuyé depuis son establissement.

HOSPITAVX

HOSPITAVX GENERAVX.

Pour renfermer les mendians dans toutes les Villes du Royaume.

1. IL se voit par ce qui a esté dit cy dessus, qu'on peut en un an, establir ces Hospitaux *& des Manufactures*, dans toutes les Villes du Royaume, suivant l'Edit de 1662 verifié au Parlement de Paris le 12. Aoust audit an, *sans qu'il en couste rien au Roy*, *& sans rien lever sur le peuple*.

2. Que cela se fera par *des questes volontaires*, qui se feront tous les mois *comme font les Religieux mendians*, ainsi qu'on a estably & maintenu, & qu'on meintient encore, la pluspart des Hospitaux generaux de ce Royaume, & des autres nations.

3. Que le meilleur temps pour cōmencer, est celuy de la guerre, peste, famine, ou autre misere, comme on voit par l'experience de la plus part des Hospitaux de ce Royaume, & d'autres des plus celebres de l'Europe, commencez pendant ces temps là; qui ont reussi, auec vn succez merveilleux, pour les raisons dites cy-devant.

4. Que pour establir ces Hospitaux dans toutes Villes de ce Royaume, & les meintenir à iamais, S. M. n'a qu'à former vne Direction generale, comme à Rome & à Venise, composée de 4. Conseillers d'Estat. 4. Maistres des Requestes. 4. Deputez des Directeurs de l'Hospital general de Paris, d'vn Procureur general, & Secretaire; & que ladite Direction fasse, ce qu'a fait celle de Rome, & de Venise.

5. Que ces Hospitaux, seront des couronnes d'honneur & de gloire pour S. M. qui consacreront son nom à l'immortalité, & celuy de tous les Directeurs, & de leurs Protecteurs, faisant aussi ce qu'on a fait à Rome & à Venise.

6. Que l'Effigie de S. M. comme il a esté dit, sera mise dans tous ces Hospitaux, qu'ils porteront son nom; que ce nom auguste sera graué sur toutes les portes, auecque les Inscriptiōs glorieuses, qu'auoit dessein d'y mettre le Roy HENRY. IV. Que par ce moyen, tous les pauures du Royaume, presens & futures, iusqu'à la fin du monde, priront tous les iours, pour Sa Majesté en qualité de leur *Illustre Fondateur*. Et qu'enfin tous les ans, le iour que ces Hospitaux feront leurs Processions generales, pompeuses & triomphantes comme à LYON; Les Predicateurs à l'envie les vns des autres, feront le Panegyrique de S. M. pour ce grand chef-d'œuvre de charité. Et

R

feront part de cét honneur , aux Commiſſaires , & Protecteurs , de la Direction generale , qui auront travaillé a ce grand œuvre,

7. Outre cela , ce Livre comme il eſt dit , auec le Panegyrique du Roy, dont Monſieur de Morangis eſt d'avis , qu'on envoyra à tous les Hoſpitaux , contenant les Edits , & declarations , les dif-ficultez , qu'on y aura trouué , avec les remedes qu'on y aura ap-portez, *& les Reglemens , pour leur conduitte vniforme* , rendront le nom du Roy immortel, celuy des Directeurs , & de leurs Pro-tecteurs. La Regle de *S. Benoiſt* , eſt venuë iuſqu'à nous aprés 11. & 12, *cens* ans. Celle des Religieux de *S. Baſile, S. Ierofme, & S. Auguſtin,* eſt auſſi venuë à nous , en ſa pureté , aprés 12. & 1300. ans , & leurs enfans , la pratiquent encore aujourd'huy tres parfaitement , & en loüent-tous les iours leurs Fondateurs , comme s'ils eſtoient vivans: & des millions de Rois, & de Princes , qui ont fait pendant tous ces ſiecles-là, tant de bruit ſur la terre , ſont enſevelis dans la pouſſiere, ſans que perſonne y penſe.

8. Enfin , ſi le Roy, comme il a eſté dit , fait conſtruire proche ce Palais ſuperbe , des Soldats eſtropiez , celuy pour les Eſcroüelez, & Incurables , qui peut auſſi , eſtre tres-beau , par ces fonds innocens, comme a dit Mr. de Morangis. Ce ſeront deux monumens , augu-ſtes , & éclatans , qui ſeront à iamais à la veüe du Louvre, qui ſeront à tous les Rois ſucceſſeurs de S. M. admirer ſa grandeur , ſa charité, & ſa magnificence , & les convira par ſon exemple à maintenir ces grands ouvrages, & à faire quelque choſe d'vtile pour le bien de leurs peuples ; & par ce moyen , S. M. aprés ſa mort , continura encore de ſecourir des millions de miſerables , par tout le Royaume , iuſqu'à la fin des ſiecles. F I N.

EDIT DE L'AN 1662.

Verifié au Parlement de Paris , le 12. Aouſt audic an.

Portant , qu'on eſtablira des Hoſpitaux generaux , & des manufactu-res dans toutes les Villes & gros-Bourgs du Royaume , pour ren-fermer les mendians , les inſtruire à la pieté , & aux Meſtiers, dont ils ſeront capables , *ſuivant les anciennes Ordonnances.*

Nota. 1. Cét Edit n'a pas eſté executé par tout ; parce que le Roy n'ordonna pas en meſme temps , vne Direction pour cela, comme il auoit fait par l'Edit de 1656. pour l'establissement de l'Hospital general de Paris, qui reussit par-là, & qui avoit manqué par toutes les autres voyes qu'on avoit tentées diverses fois , depuis 12 *cens* ans.

Nota. 2. Le 23. Juin 1673. S. M. a formé vne direction pour establir ces Hospitaux , cela est encore demeuré sans execution ; par ce que ladite Direction n'est point composée ; & ne fait pas, ce que font celles de *Rome* & de *Venise.*

Nota. 3. Qu'on peu,t comme il a esté dit, establir ces Hospitaux & Manufactures dans toutes les Villes , *en vn an , sans qa'il en couste rien au Roy , sans rien lever sur le peuple, Que cela se fera par des questes volontaires qu'on fera tous les mois,*comme celles des Religieux mendians: Ainsi qu'on a estably & maintenu,& qu'on meintient encore,la pluspart de ces Hospitaux dans le Royuume; que le meilleur temps pour commencer, est celuy de la Guerre, Peste , Famine , & autres miseres, témoins tous ceux , presque , du Royaume , establis pendant ce temps-là , & plusieurs autres ttes-celebres de diverses nations ; dont est parlé cy-dessus.

L O U I S par la grace de Dieu Roy de France & de Nauatre , A tous presens & à venir, salut. Entre les soins que nous prenons pour la conduite de l'Estat, que Dieu nous a confié , & qu'il a soûmis à nostre autorité, celuy des Pauvres nous a esté en particuliere recommendation . & le grand desir que nous avons toûjours eu de pourvoir aux necessitez des mendians , comme les plus abandonnez , de procurer leur salut par les instructions Chrestiennes , & d'abolir la mandicité & l'oisiveté , élevant leur enfans aux mestiers dont ils seroient capables , nous auroit fait establir l'Hospital General en nostre bonne ville de Paris , par nos Lettres de Declaration du mois d'Avril 1656. Cé establissement ayant eu l'effet que nous nous en estions promis , le public a receu la satisfaction de voir nostredite Ville soulagée de l'importunité des mendians , & leurs enfans nourtis à la pieté Chrestienne,& instruits aux mestiers & ouvrages qu'ils peuvent apptendre , iusqu'à ce qu'il y ait des lieux & des ouvroirs dans les maisons dudit Hospital,pour de plus grandes manufactures: nos Sujets ont veu de si grands succez pour la gloire de Dieu , & le salut des Pauvres , que plusieurs émeus de charité,& du desir de voir affermir la continuation de tant de bonnes œuvres, y ont fait des aumônes considerables; nous l'avons aussi appuyé de nostre protection, & favorisé de nos graces & liberalitez. Mais quelque menage & œconomie , que les Directeurs d'iceluy y ayent pû apporter,quelque soin qu'ils ayent pris de chercher des moyens pour le faire subsister , tant par les avis qu'ils nous ont presentez, que par les exhortations qu'ils ont procuré estre faites par les Curez & Predicateurs , par les memoires qu'ils ont fait imprimer plusieurs fois de l'estat & des besoins dudit Hospital, & par les questes faites en nostre Cour & suitte , & dans les maisons de Paris, par les Dames les plus qualifiées : Neanmoins la surcharge des mendians arrivez de diverses Provinces de nostre Royaume , est venuë iusques à tel point, que quoy que lesdits Directeurs n'ayent pas la moitié du revenu qui est necessaire pour la subsistance ordinaire de quatre à cinq mil Pauvres, qu'ils ont nourris aux années precedentes , ils logent pourtant & nourriffent dans les cinq maisons dudit Hospital plus de six mil Pauvres ; ils donnent de plus la nourriture en six endroits de la Ville à trois mil autres Pauvres mariez. Outre lesquels on voit un tres-grand nombre de mendians dans ladite Ville, qui ne peuvent estre ny logez , par faute de bastimens, ny nourris, pource que le revenu dudit Hospital ne monte pas à la moitié de la dépence qui se fait par chacun an dans iceluy. C'est pourquoy considerant que quand les bastimens & le reuenu seroient augmentez, il seroit impossible sans ruïner cét Hospital d'y loger ny nourrir tous les mendians qui abordent de tous endrois en nostredite bonne Ville, les uns par faineantise , les autres par faute d'ouvrage , & la plufpart par la grande necessité, qui est à la Campagne, & à cause de cette occasion, s'accouftumét eux & leurs enfans à cette malheureufe faineantise , qui cause tous les defordres , & la corruption ; pourquoy les biens de la Campagne font en partie delaissez n'y ayant pas assez de personnes pour y faire le travail necessaire. Outre qu'il n'est pas iuste que nostre bonne ville de Paris fournisse seule la nourriture , que les autres villes de nostre Royaume doivent chacune à leurs Pauvres selon l'équité naturelle , & conformément aux Ordonnances des Rois nos Predecesseurs. S ç A V O I R faisons , qu'aprés avoir fait voir en nostre Conseil les Ordonnances des Rois nos Predecesseurs , & notamment celles des Rois Charles IX. données à Moulins en 1566., & de Henry III. données à Fontaine bleau au mois de May 1586. regiftrées en nos Conrs. de Parlement, de l'avis de noftredit Conseil, de nostre certaine science, pleine puiffance & autorité Royale , en confirmant les anciennes Ordonnances,& y ajoûtant les choses que l'experience nous fait connoistre estre necessaires : Ordonnons , voulons & nous plaist , qu'en toutes les Villes & gros Bourgs de nostre Royaume , où il n'y a point encore

encore d'Hospital General establyy , il soit incessamment procedé à l'establissement d'un Hospital , & aux Reglemens d'iceluy , pour y loger , enfermer & nourrir les Pauvres mendians , & enfans orphelins. Tous lesquels Pauvres y seront instruits à la pieté & Religion Chrestienne , & aux mestiers, dont ils pourront se rendre capables, sans qu'il leur soit permis de vaguer , ny sous quelque pretexte que ce soit , d'aller de ville en ville , ny de venir en nostre bonne Ville de Paris , & que les Habitans des Villes & gros Bourgs y soient contraints par toutes voyes deuës & raisonnables. Et afin que nostre volonté puisse estre promptement executée, mandons à nos amez & feaux , les gens tenans nos Cours de Parlement , Baillifs , Seneschaux , Prevosts , leurs Lieutenans , & à tous autres nos Justiciers & Officiers , qu'ils fassent lire & enregistrer ces presentes , pour estre executées selon leur forme & teneur. Et aux Maires & Eschevins, Capitouls & Consuls des villes , qu'au plutost ils ayent à commettre & deputer quelques-vns d'entr'eux pour s'assembler , afin d'aviser aux moyens les plus propres , & convenables en chacun lieu pour l'establissement desdits Hospitaux , & que les Reglemens qui seront faits soient envoyez incontinent aux Greffes de nosdits Parlemens, selon leur ressort , pour connoistre de quel zele , affection & diligence ils auront vaqué à ce que dessus , & estre lesdits Reglemens registrez en nosdites Cours. Voulons & ordonnons , que ce qui sera fait & avisé pour ce regard , soit executé nonobstant oppositions ou appellations quelconques , & sans prejudice d'icelles , & nonobstant aussi tous Edits , Ordonnances , Usages , Reglemens , Mandemens, Defenses , & Lettres à ce contraires , ausquelles, & aux derogatoires des derogatoires y contenuës , nous avons par ces presentes signées de nostre main , dérogé & dérogeons. Car tel est nostre plaisir. Et afin que ce soit chose ferme & stable à toûjours , nous avons fait mettre nostre seel à cesdites presentes , sauf en autre chose nostre droit, & l'autruy en toutes. Donné à S. Germain en Laye au mois de Juin, l'an de grace mil six cens soixante-deux , & de nostre regne le vingtiéme, Signé , LOUIS, & plus bas: par le Roy, DE GUENEGAUD, & seellé du grand seau de cire verte.

FIN.

S

PROIET

DE LA DECLARATION DV ROY,

dreſſée par Monſieur de Morangis, pour eſtablir des Hoſpitaux Generaux dans toutes les
Villes du Royaume, ſuivant l'Edit verifié de
l'an 1661.; lever les difficultez qui l'ont empeché, & l'empeſchent encore en divers lieux;
ſervir de regle vniforme, pour leur conduite,
meintien & augmentation: chaſſer les feneans
& vagabons du Royaume, *& empecher les ſe-
ditions*; & mettre ces Hoſpitaux ſous la protection de la VIERGE, comme le feu Roy y
a mis tout le Royaume: D'une façon, qui ſera
glorieuſe à iamais, à S. M.

LOUIS par la grace de Dieu, Roy de France, & de
Navarre : A tous preſens & à venir, Salut. La Religion Chreſtienne à pour fondement la charité vers le prochain. Le Ciel n'eſt promis qu'à ceux qui auront tendreſſe pour
leurs freres : & l'Evangile ne menace de l'enfer que les cœurs en-
durcis. L'Arreſt qui fera leur mal-heur eternel, n'aura pour fondement que ce deffaut de charité. *Allez maudits dans les flamès eternelles, car i'ay eu faim, & vous ne m'avez pas donné à manger, &c.*
Cependant nous voyons auec douleur, que les Turcs, les Payens,
& les infidelles, ont des Hoſpitaux Generaux, dans toutes leur
Villes, pour renfermer leurs mendians, & les inſtruire en leur
Religion, & manufactures, dont ils ſont capables ; & qu'on n'aye
pû, depuis *douze cens ans*, en eſtablir dans toutes nos Villles, quelques bonnes intentions que nous ayons eu pour cela, & les Rois
nos predeceſſeurs, comme il ſe voit, par leurs Ordonnances, &
les noſtres. Neanmoins l'experience nous apprend, & l'exemple,

de plusieurs de nos Villes , grandes & petites, pauvres & riches, que cela est facile , & que le meilleur temps pour commencer est celuy de la guerre , peste , famine , ou autre misere , comme il se voit par la plufpart de ces Hospitaux, establis depuis nostre avenement à la Couronne, qui ont esté commencez en ces temps de misere ; Parce que lors, le nombre des pauures augmente si fort, que cela cause de la confusion , & du desordre par-tout , ils importunent tout le monde , dans les ruës, dans les Eglises, & aux portes , ils pillent , ils volent, ils causent des seditions & des tumultes, & se font nourrir, quand on ne le voudroit pas. Outre cela, la plufpart des gueux , feneans , & vagabons , mennent vne vie horrible & detestable , abandonnée à toute forte de vice , qui attire la colere du Ciel , sur les Villes & les Royaumes , si on n'y remedie ; ce que l'on voit particulierement dans les temps de misere ; C'est pourquoy la plufpart de nos Villes où ces Hospitaux Generaux sont establis , se resolurent pendant ces temps là , de renfermer leurs pauvres. On a veu par experience , que cela en diminuë le nombre de la moitié , que les feneans & vagabons , se retirent, ou se mettent à travailler , de crainte d'estre renfermez. Les mauuais pauures regardant ces Hospitaux, comme des Prisons. Dans les Villes où il s'est trouvé des maisons de Santé , on s'en est servy, attendant la construction desdits Hospitaux , dont la plufpart ont esté establis & maintenus, & on les meintient encore, par des questes volontaires, que l'on fait tous les mois dans les maisons, comme font les Religieux mendians , sans faire aucune levée forcée sur le peuple , quoy qu'on le puisse , si on refusoit de donner ner volontairement , au termes des Ordonnances de tous les Rois nos predecesseurs, particulierement de celles par eux faites à la requeste des Estats generaux d'Orleans, de Moulins, & de Blois; és années 1560. 1566. & 1579. On voit mesme en divers lieux , que ces questes volontaires, ont cessé peu de temps aprés l'establissement desdits Hospitaux ; parce que, dés qu'on a veu la pieté , la charité , & les grands biens de ces establissemens au spirituel & au temporel, il est venu des donations , legs , & testamens, qui ont suffi à leur establissement & meintien , personne ne mourant , qui ne donne , s'il en a le pouvoir. On voit encore , par experience, que le principal reuenu de ces Hospitaux, dans tout nostre Royaume , & autres Estats de la Chrestienté , est fondé sur les aumônes casueles des fidelles. Dans nostre bonne ville de P A R I S , l'Hospital general n'a des revenus certains , que pour l'entretien de 2.

à 3. *mille pauvres* ; & en 28. à 10. *mille.* Et à LYON, quoy qu'é-
tably. Il y a 7. *vingts ans* dés l'an 1535. il n'a aussi des revenus
asseurez que pour le tiers de ses pauvres, ce qui se voit à proportion dans toutes nos autres Villes , où il y a de ces Hospitaux ; &
neantmoins le casuel charitable fournit à leur entretien , auec
tant de benediction , que la ville de LYON, entr'autres, asseure , que depuis l'establissement de son Hospital , les fonds
necessaires , ne luy ont iamais manqué , pendant mesme , des
pestes , famines , & les guerres tres - cruelles , de la Religion,
qui ruinerent & pillerent ladite Ville. Ces heureux succez
arrivez en nostredite ville de Lyon , & en beaucoup d'autres de
nostre Royaume , & des Estat voisins. Nous firent ordonner
par nostre Edit de l'an 1656. qu'on establiroit vn pareil Hospital
general en nostre bonne ville de Paris, à quoy plusieurs des Rois
nos predecesseurs avoient travaillé inutilement, pour n'auoir pas
formé vne Direction assez forte pour l'execution. C'est pourquoy
nous en composâmes vne, de personnes qualifiées , & luy avons
donné pour Chefs, & Protecteurs, Nostre cher & bien aimé cousin
le sieur Archevesque de Paris , Duc & Pair. Nos Amez & Feaux
Conseillers en tous nos Conseils, les Premier Président & Procureur general de nostre Parlement de ladite ville de Paris : & successeurs en charge : Dont les soins , & ceux des autres Directeurs,
ont establi , maintenu , & augmenté ce grand œuvre , au de là,
de tout ce qu'on pouuoit esperer ; & cela a produit , de si grands
biens , spirituels & temporels, que plusieurs autres Villes de nostre
Royaume , petites & grandes, persuadées par cét exemple, ont
fait de pareils establissemens , auec pareils succez , à proportion de
leur forces : Ce qui nous convia d'ordonner par Edit de l'an 1662.
qu'on establiroit de ces Hospitaux, dans toutes les Villes , & gros
Bourgs, de nostre Royaume , ce qui a esté executé en divers lieux,
& ne la pû estre par tout , pour n'auoir pas formé vne Direction generale auprés de nous, forte & puissante , comme il y en a à Rome &
à Venise , pour l'establissement , meintien & augmentation des
leurs. C'est pourquoy , pour lever les difficultez touchant la Presidence , rangs & sceances des Directeurs , & conduite particuliere
desdits Hospitaux qui se trouvent souuent entre les gens d'Eglise,
Magistrats , & Officiers de Villes, qui empechent, ou retardent, l'e-
tablissement , meintien , & augmentation de ces Hospitaux. Et
pour leur donner vne regle vniforme pour leur conduite ; de l'avis
de nostre Conseil , de nostre certaine science , pleine puissance, &

autorité

autorité Royale, Nous avons ordonné & ordonnons, par cét Edit perpetuel & irrevocable.

I.

QUE noftre Edit de l'an 1662. verifié en noftre Parlement de Paris, le 12. Aouft enfuivant, fera executé fuivant fa forme & teneur ; & ce faifant, qu'il fera eftably des Hofpitaux generaux & des manufactures dans toutes les Villes & gros Bourgs de noftre Royaume , pour y enfermer les mendians , valides & invalides , de l'vn, & l'autre fexe , enfans trouuez & orphelins, & y eftre inftruits à la pieté , & manufactures, dont ils feront capables.

Tous les mendians, feront enfermez.

II.

Pour foûtenir les familles foibles , & les empécher de tomber dans la mendicité : Nous voulons qu'à l'exemple de plufieurs de nos Villes , on leur diftribuë du pain, tous les Dimanches matin, aprés avoir affifté à la Meffe , & à vne exortation qu'on leur fera, en forme de Catechifme.

Familles foibles , feront foutenuës.

III.

A l'égard des pauvres *honteux* ; dans les Villes , où il n'y a pas de Confréries de la Charité qui en prennent foin : Nous voulons que les Hofpitaux generaux le faffent , & que les Directeurs leur portent l'aumône *fecretement* en leurs maifons.

Pauvres honteux feront fecourus.

IV.

Les Villes, auffi où il n'y a point de retraite pour les *Incurables*, Nous voulons pareillement, que les *Valides* foient receus aufdits Hofpitaux generaux , & les *Infirmes* , à qui il faut des remedes , & nourriture delicate , dans les Hofpitaux des malades.

Incurables, feront fecourus.

V.

Et fur ce qui nous a efté reprefenté , que dans nos Provinces, on voit des Preftres mendier , pour eftre eftropiez , tombez dans la demence , caducité , ou autre accident , qui les reduit à cette extremité. Ce qui eft fcandaleux parmy des Chreftiens , & donne fujet aux Heretiques , de méprifer leur divin caractere : Pour y remedier , NOUS ordonnons aux Directeurs defdits Hofpitaux, de les y retirer , en vn appartement feparé & honnefte ; les traiter comme leurs Chapelains , & comme le merite leur augufte dignité ; & faire payer leurs penfions , au Clergé de leurs Diocefes, par faifie de leur temporel , ou fur les deniers qu'ils levent pour leurs affaires , avec les Decimes , par preferance à toutes autres affignations; à quoy leurs Receveurs feront contraints par toutes voyes;

Preftres mendians, feront fecourus.

T

mesme par corps, comme pour deniers Royaux, si mieux n'aime ledit Clergé, & leurs Evesques, retirer lesdits Prestres mendians, & les entretenir, decament dans leur Seminaires ou ailleurs, sauf à eux à poursuivre leurs parens, pour le payement de leurs *Titres*, ou les obliger de fournir à leur entretien.

V I.

Passans.

Nous voulons, qu'à tous les pauvres passans non-vagabons, l'aumône soit donnée, & logez vne nuit, s'ils le demandent. les valides dans les Hospitaux generaux, & les infirmes dans ceux des malades : Les *Escroüelez entr'autres qui viendront à nous, & aux Rois nos Successeurs pour se faire toucher.*

Escroüelez.

V I I.

Qu'on apprendra des mestiers à tous ceux qui le demanderont, renfermez, & non renfermez,

Pour donner moyen à tous nos Sujets d'apprendre des mestiers, pour vivre commodement dans leur païs, sans quitter le Royaume, pour s'aler habituer dans les nations estrengeres, comme il y en a qui le font à present. NOUS voulons qu'on apprenne gratuitement à tous les enfans *enfermez, & non-enfermez*, & autres qui le demanderont, à lire & à écrire, & tels Mestiers qu'ils souhaiteront.

V I I I.

Carte-Marine en païs Maritime.

Es lieux-mesme Maritimes, NOUS voulons qu'on enseigne la Carte Marine, la Boussole, & autres Arts. Aux Matelots & tous autres qui voudront s'y appliquer, pour leur donner moyen de gagner leur vie plus aisément.

I X.

Qu'on procurera conditió, à tous ceux, qui le demanderôt

Voulons pareillement, que les Directeurs prennent soin de placer en service tous ceux qui le demanderont, *enfermez & non-enfermez*, chacun suivant leurs talents, & naissance : Dans les Villes, chez les Ouvriers, Bourgeois, ou autres. A la Campagne, chez des Paysans pour apprendre le labourage, & sur les Vaisseaux & bateaux, où il y en a, pour apprendre à naviger,

X

Que tous ceux que les Hospitaux assisteront, se trouveront au Service divin.

Tous ceux qui tireront secours desdits Hospitaux, *enfermez & non-enfermez, à la reserve des honteux*, se trouveront les Festes & Dimanches, au divin Service qui s'y fera, Messe, Vespres, & Catechisme, à peine de demeurer décheus desdits secours & assistances.

X I.

Noms des

Pour establir & maintenir à iamais ces Hospitaux generaux, dans toutes les Villes & gros Bourgs de nostre Royaume, & contribuer à leur accroiffement & augmentation: Nous avons à l'exemple de Rome & de Venife, formé vne direction generale & perpetuele auprés de Nous, compofé de 4. de nos Confeillers d'Eftat ordinaires, 4. de nos Maiftres des Requeftes, 4. des Directeurs de noftre Hofpital general de Paris, & d'vn Procureur general & Secretaire. Sçavoir des fieurs

Commiffaires de la Direction generale.

Confeillers ordinaires en tous nos Confeils. Des fieurs

Maiftres des Requeftes ordinaires de noftre Hoftel. Des fieurs de

Directeurs dudit Hofpital general de Paris. Du fieur de

pour Procureur general : Et du fieur de

pour Secretaire de ladite Direction.

XII.

Et pour chefs & Protecteurs de cette Direction generale. Nous avons nommé & nommons, noftre cher & bien aimé coufin le Cardinal de Bouillon, noftre grand Aumofnier. Noftre amé & feal Chevalier, le fieur d'Aligre noftre Chancelier, & le fieur Colbert Miniftre d'Eftat, & Secretaire de nos Commendemens, & leur fucceffeurs efdites Charges : Et pour Intendant general defdits Hofpitaux & defdites manufactures y eftablies, & à eftablir, le fieur de

Noms des Protecteurs & Intendant.

XIII.

Les Directeurs de lad. Direction, s'affembleront tous les 15. jours, en tel Hofpital, ou tel autre lieu qu'ils aviferont bon eftre.

XIV.

Et le decez arrivant à quelqu'vn defdits Commiffaires, il en fera éleu vn autre en fa place, par les furvivans, comme il eft porté, art. 33. des Reglemens, par Nous faits en confequence de noftre Edit de l'an 1656. pour l'eftabliffement & meintien de nodit Hofpital general de Paris, & de fa Direction : Ledit Edit, & Reglement, attachez fous le contre-feel des prefentes.

XV.

Nous declarons, eftre Protecteurs, Confervateurs, & Fondateurs, de tous les Hofpitaux generaux eftablis & à eftablir dans noftre Royaume : Et afin que la memoire s'en conferuant à iamais, Nous ayons part aux Prieres des pauvres à perpetuité. Nous voulons, fuivant le deffein du Roy HENRY-IV. noftre Illuftre Ayeul. Que tous ces Hofpitaux portent noftre nom, qu'il

Le Roy Fondateur & Protecteur, des Hôpitaux,

soit gravé, avec l'Escuſſon de nos Armes, & noſtre Effigie rele-
vée en boſſe ſur toutes les Portes : Que cette inſcription , ſoit auſſi gravée dans les Egliſes & Bâtimens, LOUIS XIV. ROY
DE FRANCE ET DE NAVARRE, EST NOSTRE
AUGUSTE FONDATEUR, PRIEZ DIEU POUR
LUY. Voulans auſſi que les pauvres , à perpetuité, prient pour
nous tous les iours , en ladite qualité de Fondateur, ſoir & matin,
à l'iſſuë du Service divin , & du repas, & pour les Rois nos Predeceſſeurs & ſucceſſeurs, & le bien de noſtre Eſtat.

XVI.

Seconds
Fondateurs
leur Privi-
leges.

Et pour convier nos Sujets à eſtre les ſeconds Fondateurs deſdits Hoſpitaux , & à baſtir, le tout ou partie, des Edifices : Nous
voulons, que leurs Armes y ſoient miſes , au deſſous des noſtres,
& qu'ils joüiſſent de tous les autres honneurs , & privileges de
Fondateurs, comme ſi nous ne l'eſtions pas.

XVII.

Exemption
de toute Iu-
riſdiction

En qualité de Fondateur deſdits Hoſpitaux , & ſuivant le Con-
cile de Trente , *ſeſſion* 22. *chap.* 9. Nous les avons declaré exemps
de toute Juriſdiction Eccleſiaſtique ; & les avons exempté de
toute Juriſdiction ſeculiere qui appartiendra aux Directeurs ,
comme à ceux de nos Villes de Paris & de Lyon.

XVIII.

Grand Au-
mônier; E-
veſques.

Neanmoins, Nous convions & exortons, noſtre grand Aumônier, dans les Villes où il paſſera , & les Eveſques faiſans leur viſi-
tes , d'aller preſider à la Direction deſdits Hoſpitaux, voir leurs
derniers comptes , s'informer des choſes neceſſaires pour leur
meintien & augmentation, & nous en donner avis à chaque Feſte
de Paſque , & à cette fin addreſſeront leur memoires , au Procureur general , ou Secretaire de ladite Direction generale.

XIX.

Gouver-
neurs.
Intendans.

Enjoignons pareillement , aux Gouverneurs de nos Provinces,
leurs Lieutenans , & Intendans de Juſtice, chacun en-droit ſoy, de
viſiter leſdits Hoſpitaux paſſans par les Villes de leur département,
comme ils ſont obligez de viſiter tous les lieux publics , ſuivant les
Ordonnances ; Preſider à leur Direction , en l'abſence des Eveſques, voir leur comptes , & nous donner auſſi les auis neceſſaires
à chaque Feſte de Paſque , pour leur meintien & augmentation :
& adreſſeront leurs avis pareillement audit Procureur general,
ou Secretaire de la Direction generale.

Quand

XX.

Quand noſtredit grand Aumônier, Eveſques, Gouverneurs, Intendans de Juſtice, Premiers Preſidens, Procureurs generaux des Parlemens de nos Provinces, ou Commiſſaires deſdits Parlemens, pour le maintien & augmentation des Hoſpitaux de leur reſſort, ſe trouveront à Paris. Nous leur ordonnons d'aller à ladite Direction generale, faire raport de leurs avis, & y auront ſeance, & voix deliberative. *Iront à la Direction generale faire raport de leurs avis.*

XXI,

Dans les Villes où nos Parlemens ſont eſtablis, les Hoſpitaux, auront pour Chefs & Protecteurs, les Archeveſques, & Eveſques des lieux, auec nos Premiers Preſidens, Procureurs generaux auſdits Parlemens, comme en noſtredite ville de Paris. *Villes où il y a Parlement.*

XXII.

Le Doyen de chaque Parlement, auec vn autre Conſeiller de grand Chambre, ſera commis par nos Premiers Preſidens, pour prendre vn ſoin particulier des affaires des Hoſpitaux de leur reſſort, auſquels pour cét effet leſdits Hoſpitaux s'adreſſeront : & pour conferer des choſes neceſſaires, à leur eſtabliſſement, maintien & augmentation, ils s'aſſembleront auec nos Procureurs generaux, chez nos Premiers Preſidens, vne fois le mois, ou plus ſouuent s'ils le iugent à propos. *Protecteurs dans les Parlemens.*

XXIII.

Les Communautez des Advocats, & Procureurs de nos Parlemens, s'aſſembleront tous les trois ans, chez nos Procureurs generaux, pour deputer vn ou deux de chaque Communauté, pour prendre auſſi gratuitement le ſoin des affaires deſdits Hoſpitaux, pendant leſdites trois années, & joüiront pendant ledit temps, des honneurs & privileges, des Directeurs deſdits Hoſpitaux de Paris & de Lyon, comme ſera dit cy-aprés. *Advocats & Procureurs gratuits.*

XXIV.

Nous voulons que les Directeurs deſdits Hoſpitaux, ſoient éleus la premiere fois, dans les maiſons de Villes, en la forme & maniere que leſdites Villes, éliſent leurs Officiers, & qu'elles en éliſent tel nombre, qu'elles adviſeront bon eſtre, ſuivant la grandeur deſdites Villes. *Election des Directeurs.*

XXV.

Les premiers Directeurs ſeront Eccleſiaſtiques comme Lyon, & preſideront en Surplis : Dont l'vn ſera toûjours, du corps de la Cathedrale, s'il y en a dans le lieu, ou du nombre des Curez : Les ſeconds, ſeront Officiers auec vn Advocat, & les autres du nombre des Bourgeois & Habitans, ſans que les Beneficieres, & Nobles demeurans eſdites Villes, s'en puiſſent *Lyon, Reglement. chap. 2.*

V

excuser, quoy qu'exemps des autres charges de Ville : Et pour
marque de non-derogeance, la qualité de Noble, sera mise à l'endroit des noms des Directeurs qui seront Gentils-hommes, & afin
que les plus notables de chaque Ville, passant par la Direction, apprennent par experience les grands biens que ces Hospitaux produisent, au spirituel & au temporel, au dedans & au dehors desdits Hospitaux, & que cela les affectionne à leur meintien &
augmentation. Nous voulons, à l'exemple de nostre ville de
Lyon, passé la premiere élection des Directeurs qui se fera és
maisons de Ville, qu'ils soient éleus de 3. ans en 3 ans, par les
anciens : & en cas de mort, en la forme & maniere qu'y procede
ladite ville de L Y O N, comme il est porté par ses Reglemens
cy-attachez, chap. 1.

XXVII.

Tresorier.   Les Directeurs choisiront vn Tresorier, & vn Secretaire, &
suivront autant qu'ils leur sera possible, Nos Reglemens, pour la
Secretaire. conduite de l'Hospital General de nostre bonne ville de Paris, &
principalement ceux de celle de Lyon, qui ont plus de rapport aux
Villes de nos Provinces, auec pouuoir d'y adjoûter ou diminuer
suiuant la necessité des lieux, par l'avis de nos Premiers Presidens, Procureurs generaux, & Commissaires qui seront commis
pour leurs affaires par lesd. Parlemens de leur ressort, qui en donneront avis à nostredite Direction generale.

XXVIII.

Privileges   Lesdits Directeurs, Tresoriers, & Secretaires, joüiront pen-
des Dire- dant leur exercice, de tous les honneurs, privileges, & exem-
cteurs. ptions, par nous accordées aux Directeurs de nostredite bonne
ville de Paris ; par nostre Edit de l'an 1656, art. 79. & 80. seront
exempts en outre de tous logemens des Gens de guerre, & mar-
cheront aux Processions en Corps, precedez de leurs Sergens, &
suivis de leurs Halebardiers, & auront vn banc dans l'Eglise principale de chaque Ville, où seront nos Armes, comme les Marguilliers en ont à Paris.

XXIX.

Autres pri-   Les Directeurs des Hospitaux, des Villes où sont establis nos-
vileges. dits Parlemens, auront leur causes commises pendant leur exercice aux Requestes du Palais desdits Parlemens. Et les Directeurs
des autres Villes auront le privilege de garde Gardienne, devant
les Juges de leur domiciles, si ce n'est qu'ils ayent affaire contre
des Directeurs de quelqu'autre Ville ; auquel cas, le Privilege
cessera de part & d'autre.

XXX.

Nous ordonnons aux Directeurs de chaque Hospital dans les Provinces, d'envoyer tous les ans au commencement du Caresme, à leurs Commissaires & Protecteurs és Parlemens de leur ressort, l'estat de leurdit Hospital, revenus, bastimens, nombre de leur pauvres, auec les augmentations faites depuis l'année precedente, & autres, bonnes à faire, tant à l'égard desdits Hospitaux, que Manufactures auec leurs avis, pour en faciliter l'execution.

Que les Directeurs envoyront tous les ans, l'Estat de leurs Hôpitaux, aux Commissaires de leurs Parlemens.

XXXI.

Ordonnons aux Commissaires & Protecteurs desdits Hospitaux en nosdits Parlemens, d'envoyer tous les ans à la Feste de Pasque, le double des Estats desdits Hospitaux, auec leur avis au Procureur general, ou Secretaire de nostredite Direction generale.

Que lesdits Commissaires, en envoyrôt aussi le double, auec leurs avis à la Direction generale.

XXXII.

Voulans aussi, estre informez tous les ans, en personne, de l'Estat desdits Hospitaux, & manufactures, augmentations, faites & bonnes à faire. A l'exemple de l'Empereur Charle-Magne, & du Roy S. Louis, pour le meintien & augmentation des Hospitaux des malades, qu'ils auoient establis ; Nous ordonnons au Procureur general & Secretaire de ladite Direction generale, de faire imprimer l'extrait des Estats qu'on aura receu desdits Hospitaux & manufactures ; qui nous fera presenté chacun an, par ladite Direction generale : le iour & Feste dudit S. LOUIS, & dont on envoyra ensuite des copies, à toutes nos Villes, pour les exciter à augmenter leursdits Hospitaux & manufactures, à l'exemple de celles qui l'auront fait.

Qu'on presentera au Roy tous les ans. Vn Extrait imprimé des Estats desdits Hospitaux

XXXIII.

Pour éviter les frais, & les longueurs des deputations, que plusieurs Hospitaux sont obligez de faire à present, & seroient obligez de faire cy apres, pour leur establissement, meintien, & augmentation, tant vers nous, nostre Conseil, Parlement, qu'autres nos Cours à Paris, & vers d'autres personnes pour leurs manufactures ; NOUS voulons, qu'à l'avenir, sans aucune deputation, ils écrivent au Secretaire de ladite Direction generale, qui prendra le soin *gratuitement* de leurs affaires, & les fera expedier sans frais.

Que le Secretaire de la Directiô generale prêdra soin gratuitement des affaires que les Hospitaux aurôt à Paris.

XXXIV.

Tous les pauvres des Bourgs, Villages, & Paroisses qui dépenderont de la Jurisdiction principale, qui s'exercera és Villes, en proche ou arriere-fief, où lesdits Hospitaux seront establis, y

feront receus, & lefdites Paroiffes contriburont à leur nourrirure
fuiuant les Ordonnances.

XXXV.

Seront re-
ceus aux
Hôpitaux,
tous ceux
qui fe pre-
fenteront
fors à Pa-
ris & à
Lyon.

Pour ofter tout pretexte aux feneans & vagabons de mendier,
feront receus aufdits Hofpitaux, tous ceux qui s'y prefenteront,
fans les renvoyer aux lieux de leur naiffance, ou domicile, à la
referve de nos Villes de Paris & de Lyon : où eft le grand abord
de tous les pauvres du Royaume, qui pouront renvoyer ceux qui
n'auront pas vne année de refidence.

XXXVI.

Aux paf-
fans, la paf-
fade, & lo-
gés vne nuit

Pour leur ofter encore tout pretexte de geufer par les chemins,
Nous voulons qu'ils foient logez vne nuit dans les Hofpitaux
où ils pafferont, & qu'on leur donne l'aumône de paffade, s'ils en
ont befoin, pour fe rendre au prochain Hofpital, faifant apparoir
du certificat des Directeurs du lieu d'où ils auront party ; de la
caufe legitime de leur voyage, ou autre accident, qui depuis leur
départ les auroit reduit à la mendicité.

XXXVII.

Ceux de la
Religion, y
ferôt receus.

Les pauvres de la Religion Pretenduë Reformé, feront auffi
receus efdits Hofpitaux, *fuivadt les Edits de Pacification*, auec deffenfes à eux d'y dogmatifer, à peine de la prifon ; & leur fera fait
toutes les femaines vn Catechifme particulier, en forme de Con-
troverfe, où ils feront tenus de s'y trouuer, à peine auffi de la
prifon.

XXXVIII.

Soldats,
Matelots,
& tous ne-
ceffiteux.

Les Soldats, Matelots, Marchands vollez & pillez, à la Mer,
ou fur terre, & tous autres paffans neceffiteux, auront l'aumône
de paffade *comme à Lyon*, & feront logez vne nuit efdits Hofpitaux
& plus s'ils en ont befoin ; à la charge entr'autres chofes d'affifter
aux Prieres publiques qui s'y feront, & prier pour Nous, & noftre Eftat, Voulans que les Chapelains les vifitent le foir, & les
confolent,

XXXVIX.

Aux Ou-
vriers, le
tiers du pro-
fit.

On fera travailler les pauvres enfermez, chacun felon fon pouvoir ; & afin qu'ils le faffent auec affection, aux manœuvres, on
donnera quelque gratification tous les iours ; & à ceux qu'on ap-
pliquera aux manufactures, le tiers du profit qu'ils feront, com-
on fait à Paris, & à Lyon.

XL.

Pour aider à eftablir lefdits Hofpitaux, & leur donner moyen
de

de subsister : Nous avons exempté & exemptons de tous droits, par tout nostre Royaume les manufactures qui s'y feront , leur donnant pouuoir d'y en fabriquer de telle nature, qu'ils auiseront bon estre, sans estre sujets à aucune visite , les marquant seulement d'vne marque particuliere à chaque Hospital.

Manufac-
tures exem-
ptes de tous
droits.

XLI.

Ordonnons aux Corps des Mestiers de chaque Ville , de donner ausdits Hospitaux, vn Maistre Compagnon s'ils en sont requis, pour enseigner & conduire lesdites manufactures: Et lesdits Compagnons seront passez Maistres, sans frais , ny Chef-d'œuvre, aprés six années de service , sur l'attestation des Directeurs.

Corps des
Mestiers
donneront
des Compa-
gnons. Leur
Priuileges.

XLII.

Nous exortons les Directeurs des Hospitaux des grandes Villes, princiaplement , *d'avoir des Compagnons Cordonniers, de ces Communautées de Paris, qui mettent leur bien en commun , à l'instar de celles de S. Crepin & de S. Crespinien*: & qui apprennent auec le travail , à vivre chrestiennement.

Compagnõs
Cordõniers,
des Commu-
nautées
pieuses de
Paris.

XLIII.

Et à l'égard des ouvrages des filles, d'avoir des Maistresses instruites, au Seminaire des filles Laïques de Charonne prés de Paris, suiuant l'esprit, des Semmaires de sainte *Tecle*, comme il y en a en Flandre vn grand nombre, qui apprennent gratuitemét, aux filles des Villes où elles sont, des ouvrages vtiles dequoy gagner leur vie : Qui vivent elles-mesmes du travail de leurs mains, Qui reçoivent sans pension celles qui sçauent trauailler : & qui se conduisent, suiuant leur sexe , au Spirituel & au temporel , comme les Peres de l'Oratoire.

Maistresses
instruites
aux Semi-
naires Laï-
ques , sui-
vant l'es-
prit de Ste
Tecle; &
comme en
Flandre.

XLIV.

Attendant d'avoir de Paris ces Maistres & Maistres ; ceux des lieux , feront pratiquer à leurs apprentifs en trauaillant ; les exercices de pieté, qu'on fait pratiquer à Paris dans l'Hospital general , comme ils sont marquez , dans les Reglememens , touchant le spirituel , qui sont attachez aux presentes.

Qu'on fera
pratiquer
aux appren-
tifs en tra-
vaillant,
les exerci-

ces de pieté qu'on pratique à Paris.

XLV.

Comme aussi , les Compagnons Apotiquaires , & Chirurgiens. Maistres & Maistresses d'Escolle , qui auront seruy lesdits Hospitaux, six ans, feront passez Maistres, sans frais , ny examen , sur le certificat des Directeurs.

Compagnõs
Apotiquai-
res, Chirur-
giens, Mai-
stres d'Es-
colcs.

X

XLVI.

Prouifions exemptes.

NOVS avons auffi, exempté, & exemptons, par tout noftre Royaume, les matereaux & provifions neceffaires, pour les bâtimens & nourritures defdits Hofpitaux, comme à Paris, dont la quantité fera reglée par les Fermiers, ou Receveurs de nos droits les plus proches des lieux, en prefence des Directeurs.

XLVII.

Sel.

Accordons aufdits Hofpitaux le droit de Franc-falé, comme à Paris, pour le fel neceffaire à leur prouifion, qui fera auffi reglé par les Fermiers, ou receueurs de nos Gabelles, les plus proches des lieux.

XLVIII.

Chauffage.

Accordons encore aufdits Hofpitaux, és lieux où nous auons des Forefts, le quart, du bois qu'il leur faudra tous les ans, pour leur chauffage, ce qui fera auffi reglé par les Officiers de nofdites Forefts. Et aux lieux, où nous n'en auons pas, nous convions les Seigneurs qui en ont, de leurs en faire quelque aumône.

XLIX.

Exemption de toutes Charges.

Nous avons auffi accordé aufdits Hofpitaux, toutes décharges, par nous accordées à noftredit Hofpital General de Paris, mentionnées en noftre Edit de l'an 1656 art. 62. 63. & 64. & en confequence auons exempté lefdits Hofpitaux, terres, maifons, & lieux, qui en dépendent, & qui en dépenderont, de toutes Charges de Villes, logement de Gens de Guerre, Taille, Taillon, & autres contributions, ordinaires, ou extraordinaires, faites, ou à faire.

L.

Fermiers fur-taxez.

Et au cas que les Fermiers defdites maifons, terres, & lieux dépendans defdits Hofpitaux, fuffent fur-taxez, pour les autres biens qu'ils pouroient auoir, ou tenir à ferme d'ailleurs que defdits Hofpitaux, les Directeurs pouront interuenir, prendre leur fait & caufe, & fe pourvoir directement, aux Cours des Aydes de leur reffort; & où il n'y en a pas, aux grandes Chambres des Parlemens, de leurdit reffort, fans qu'il foit befoin d'interjetter aucunes appellations, ny d'aucune commiffion que de l'extrait des prefentes, conformement à l'art. 64. de noftredit Edit pour Paris.

LI.

Tous heritages amortis.

Nous avons auffi amorty, & amortiffons par ces prefentes, lefdits Hofpitaux, eftablis & à eftablir, & les biens qui en dépendent & en dépenderont, fans nous payer aucuns droits, pour ce qui eft, ou fera dans noftre Domaine; exortans les Seigneurs des Fiefs, où lesdits Hospitaux pouront auoir des heritages , de se contenter du dixiéme, pour leur droit d'indemnité, nonobstant toutes Coustumes qui pouroient estre à ce conttaires.

LII.

Ordonnons aux Villes , qui ont des fontaines , de leur donner autant d'eau qu'il sera iugé necessaire par le Fontenier.

Leur sera donné de l'eau.

LIII.

Permettons ausdits Hospitaux, de prendre de proche en proche, les terres & maisons qui leur seront necessaires, qu'ils payront à dire d'Experts, si les proprietaires refussent de couuenir de prix à l'amiable,

Pourront prẽdre terres necessaires, de proche en proche.

LIV.

Comme aussi, leur permettons, de faire toutes voûtes , conduits, & arcades aù dessus , & aux dessous des terres & maisons voisines dédommageant s'il y échet.

LV.

Pour convier tous nos Sujets à faire part de leurs aumônes, ausdits Hospitaux ; Nous declarons les testamens nuls de ceux qui n'auront laissé du moins cinq sols d'aumône à l'Hospital du lieu; Enjonnons aux Curez , Vicaires , & Notaires, qui recevront lesdits testamens , d'en avertir les Testateurs , & faire mention dans le corps de l'acte de leur avertissement , à peine de dix liures d'amande, qui ne poura estre remise.

Testamens nuls , si on n'a laissé du moin 5. s. à l'Hospital.

LVI.

Nous declarons aussi tous actes de Ferme , & Marchés nuls, au dessous de 50, liures , qui n'auront laissé 5. s. d'aumône du moins, entre les mains du Notaire, raporteur de l'acte , qui avertira les parties de ladite peine. Comme aussi nous declarons tous compromis nuls, s'il n'y a du moins , 10. liures de peine , stipulée en cas de dedit, au profit de l'Hospital du lieu. De tout quoy lesdits Notaires avertiront particulierement les parties ; & en feront mention , sous lesdites peines que dessus.

Toutes fermes , marchez , & compromis nul , s'il n'y à stipulatiõ en fiueur de l'Hospital.

LVII.

Permettons aux Directeurs desdits Hospitaux , toutes questes, & Troncs , en tous lieux , & assemblées publiques . Mariages-mesme, Baptémes, Enterremens, & ailleurs.

Toutes questes permises.

LVIII.

Et d'autant , que tous ces fonds ne suffiront pas ; & que nous voyons par experience, que la plus-part des ces Hospitaux, dans les grandes , & petites Villes de nostre Royaume , pauures & ri-

Questes volontaires tous les mois

dans les maisons, comme celles des Religieux mendians.

ches; & dans les Nations voisines, ont esté establis, & maintenus, & qu'on les meintient encore, par des questes volontaires, que l'on fait tous les mois dans les maisons; comme font les Religieux mendians: Et nous voyons que ces questes ont cessé en diuers lieux peu de temps aprés l'establissement desdits Hospitaux, par les dons, legs, & fondations, qu'on y a faites; C'est

Si elles ne suffisent: la taxe permise, suivant les anciennes Ordonnances.

pourquoy nous ordonnons que les Directeurs feront faire vne queste tous les mois dans les maisons, par les plus qualifiez des Paroisses. Conuions tous nos Sujets d'y donner liberalement, tous possedans Benefices dans le ressort de l'establissement desd. Hospitaux. Toutes Communautez Regulieres & Seculieres, à la reserue des Religieux mendians, toutes Compagnies d'Officiers. Tous Corps de Mestiers, Fabriques, & Confréries; à faute dequoy seront taxez, tous exempts & non exempts; suivant les anciennes Ordonnances, Arrests, & Reglemens; celles ent'autres, faites à la requeste des Estats Generaux, & assemblées des Notables à Orleans, Moulins, & Blois, és années 1560. 1566. & 1579.

LIX.

Les taxes seront faites és maisons de Ville.

S'il faut en venir à la taxe, elle sera faite és maisons de Ville, en presence des Officiers des lieux, Maires, & Eschevins, Directeurs, & Marguilliers. Par mesme Roole seront taxez les Paroisses du Ressort, pour les pauvres qu'ils auront esdits Hospitaux.

LX.

Seront declarées executoires par Arrest.

Lesdites taxes seront declarées executoires par Arrest, & seront executées, nonobstant oppositions quelconques, & sans prejudice d'icelles: Voulans que les opposans, soient condamnez en doubles dépens & amandes s'ils succombent.

Doubles dépens & amendes contre les opposans.

LXI.

Permis de se pourvoir en premiere Instance aux Cours des Aydes. & Parlemens.

Pour accelerer le payement des sommes qui seront deuës ausdits Hospitaux, & contribuer, à terminer promptement, leur procez & differends, Nous leurs avons permis, comme à Paris, art. 66. de se pourvoir directement, & en premiere Instance, en nos Cours des Aydes, & grandes Chambres des Parlemens de leur ressort,

LXII.

Toutes expeditions gratis.

Toutes expeditions leur seront délivrées gratuitement en nos Cours, grands & petits sceaux, & Jurisdictions inferieures, suivant l'art. 67. de nostredit Edit pour Paris.

Les

LXIII.

Les Greffiers, de six mois, en six mois, envoyeront au Bureau des Directeurs, gratuitement, vn Roole des amandes, & aumônes, qui pouront auoir esté adjugées au profit desdits Hospitaux, ou certificat de n'y en auoir point, à peine de 100. liures d'amende qui ne pourra estre remise,

LXIV.

Les Notaires, envoyeront aussi gratuitement audit Bureau des Directeurs, de six mois, en six mois, vn Roole des Testamens, compromis, fermes, marchez, ou autres actes, portant stipulation de peine, ou dons, au profit desdits Hospitaux, ou certificat de n'en auoir raporté, à peine de 50. liures d'amende, qui ne poura aussi estre remisse.

LXV.

Et d'autant que le recouurement des sommes deuës, aux Hospitaux, est long & difficile, par les voyes ordinaires de la Justice, pour suruenir aux necessitez pressantes desdits Hospitaux, personne ne voulant recevoir en payement, les sommes adjugées par Arrest ou Sentence, à cause des difficultez, de la longueur, & des frais de l'execution, par les voyes ordinaires de la Justice, au lieu qu'on prend volontiers, les sommes deuës par transactions, & Sentences arbitrales acquiessées. NOUS à ces causes, à l'exemple de Venise, Ordonnons aux Directeurs, desdits Hospitaux, en tous procez meus, & à mouvoir, où ils seront parties principales, ou interuenantes, de sommer leurs parties par acte, de conuenir d'Arbitres, auec offre de consigner pour le dedit, le double de ce qu'ils voudront consigner : & voulons que les Jugemens des Arbitres soient executez comme souuerains & rendus en dernier ressort, suiuant l'vsage des Grecs, & des Romsins, & celuy à present de Venise pour les Hospitaux.

LXVI.

Pour obliger les parties desdits Hospitaux à consentir à l'Arbitrage : Nous ordonnons que les refusans, ne pouront estre receus à plaider, qu'ils n'ayent payé vne amande, au profit dudit Hospital, de la dixiesme partie de la somme dont sera question au procez, qui à cette fin sera reglée à plus prés, par la sommation d'Arbitrage des Directeurs, sans prejudice de pouuoir demander plus grande somme, dans le cours du procez, si elle se trouue estre deuë.

Y

LXVII.

Ne pouront auoir des dépens ; & pourquoy.

Voulons aussi que lesdites parties qui auront refusé l'accommodement, ne pouront obtenir de dépens contre lesdits Hospitaux, qui auroient pù se desister de leurs actions, si on leur auoit communiqué des deffenses valables, à l'amiable, & de bonne foy, sans artifice de chicanne, dés la naissance du procez.

LXVIII.

Pour empécher l'appel des taxes de despens, obtenus par les Hôpitaux.

Pour empescher encore, les appellations des taxes, de dépens que les Hôpitaux pouroient auoir obtenuës contre les refusans arbitrage, & toutes les suites & longueurs des procedures qu'il faudroit faire en consequence. Nous voulons que les appellans soient declarez non-receuables en leur appel, s'ils n'ont fait des offres reélles & consignées en l'endroit de la taxe.

LXIX.

Missionnaires de saint Lazare commis pour le Spirituel, par tout le Royaume.

Comme le salut des pauures, est nostre fin principale, Nous exortons les Directeurs desdits Hospitaux d'en auoir aussi vn soin particulier : & comme nous voyons la benediction que Dieu a donnée au travail des Prestres, & Missionnaires de S. Lazare, & les grands fruits, que leur trauaux ont produit pour le secours des pauures par tout nostre Royaume, & depuis peu dans nostre Hôpital general de Paris. Nous voulons, que par tout où ils sons establis, ils ayent le soin, & l'instruction du Spirituel esdits Hospitaux, & qu'ils puissent envoyer de leurs Prestres dans tous ceux du Royaume, où ils auront pareil pouvoir, aux mesmes conditions portées par nostre Edit, pour ledit Hospital general de Paris, art. 33. 34. 35. & 36.

LXX.

Graude Messe, Vespres, & Catechisme, Festes & Dimanches

Voulons que les Festes, & Dimanches, on chante la grand-Messe, & Vespres ausdits Hospitaux ; & pour cela qu'on apprenne à chanter aux enfans, comme on fait à Paris, à Lyon, & ailleurs. & qu'on y fasse le Catechisme.

LXXI.

Deffenses de mendier, aprés l'établissement des Hospitaux.

Aprés l'establissement desdits Hospitaux, Nous faisons deffenses à tous pauures de mendier, à péine du foüet, pour la premiere fois, & des Galeres pour la seconde, à l'égard des hommes : & du foüet, & de la prison dans lesd. Hospitaux, à l'égard des femmes.

LXXII.

Deffenses de loger, les mendians.

Faisons aussi deffenses, aprés l'establissement de dits Hospitaux, de donner l'aumosne aux mendians, ny les loger, sous les peines portées par nostredit Edit, pour l'Hospital general de Paris, art. 17. & 19.

LXXIII.

Pour chasser les feneans & vagabons, en purger nostre Royaume à iamais : & empescher tous vols, larcins, feditions, & tumultes, qu'ils caufent fouuent. Nous ordonnons fuiuant l'art. 22. de noftre Edit, pour ledit Hofpital de Paris, que tous les mois, *vn ou plufieurs Directeurs*, de l'Hofpital du lieu, auec les Capitaines des Villes, chacun en droit foy, vifiteront les maifons defd. Villes, & n'y laifferont habiter aucune perfonne, qui n'aye du bien, induftrie, ou vacation fuffifante pour vivre ; à la referve des pauvres honteux, non-mendians, affiftez par la Paroiffe, l'Hofpital, leurs parens, ou amis : & bailleront le Roole defdits feneans, & vagabons, aux Magiftrats, pour les faire chaffer, auec deffenfes de retourner efdites Villes, à peine des Galeres, qui ne poura eftre moderée. *Enjoignons aux Directeurs, Magiftrats, & Capitaines des Villes, d'avoir vn foin particulier de l'execution du prefent article.*

LXXIV.

Pour que les Hofpitaux deftinez pour les malades, foient gouvernez auffi reglement, que les Hofpitaux generaux : Nous voulons, que dans les lieux, où les Directeurs defdits Hofpitaux generaux le pouront, qu'ils prennent auffi le foin defdits Hofpitaux des malades, & qu'à cette fin, ils pouront augmenter le nombre des Directeurs, autant qu'ils aviferont bon eftre.

LXXV.

A l'exemple des Eftats voifins, qui ont des perfonnes commifes en chaque Ville, pour empefcher autant qu'il eft poffible, que la pefte n'y foit apportée d'ailleurs, & tafcher à la faire ceffer, dés qu'elle y eft : Nous voulons que les Directeurs defdits Hofpitaux generaux ayent auffi le foin & la conduite de ceux des Peftiferez. Et quand ils feront menacez, ou attaquez de ce mal, ils en donnent avis à ladite Direction generale, auec leurs expediens pour y remedier, & qu'ils executent les ordres qu'ils en recevront, conjointement auec les Juges des lieux, à qui Nous ordonnons auffi, d'y obeïr.

LXXVI.

Pour eftablir en vn an, les Hofpitaux generaux & manufactures, dans toutes les Villes & gros Bourgs dé noftre Royaume ; Nous avons ordonné à tous nos Parlemens de proceder à la verification des prefentes, dés qu'ils les auront receuës, & d'en envoyer copie aux Villes & Communautez de leur reffort, pour y

eſtre executées , & faute à elles , d'envoyer *ſix mois*, aprés , à nos
Procureurs generaux , les procez verbaux d'eſtabliſſement deſdits
Hoſpitaux ; Nous ordonnons à noſdits Parlemens, de faire deſcen-
dre des Commiſſaires ſur les lieux , pour faire leſdits eſtabliſſemens ; aux frais deſdites Villes , Juges, & Habitans , qui n'auront
obey.

LXXVII.

Ce que fe-
ront les
Procureurs
generaux,

Ordonnons pareillement , à noſdits Procureurs generaux d'envoyer au Secretaire de ladite Direction generale , les procez verbaux d'eſtabliſſement deſdits Hoſpitaux , dés qu'ils les auront receus : Et faute de le faire vn an aprés qu'on leur aura envoyé les
preſentes : Nous ordonnons qu'il deſcendera des Commiſſaires
de noſtre Conſeil , pour faire leſdits eſtabliſſemens , aux frais
deſdits Parlemens.

LXXVIII.

Intendant
pour mein-
tenir, &
augmenter
les Hoſpi-
taux, &
manufa-
ctures,

Pour meintenir , & augmenter à iamais , leſdits Hoſpitaux generaux & manufactures ; Nous ordonnons à noſtre Intendant
general deſdits Hoſpitaux , & manufactures , de les viſiter , *ou
faire viſiter* , de 3. ans , en 3. ans : le tiers chaque année,
d'en dreſſer ſes procez verbaux , dont il nous preſentera l'extrait
imprimé tous les ans , à la Feſte de S. Louis.

LXXIX.

Priuileges.

Nous avons accordé auſdits Hoſpitaux generaux , eſtablis & à
eſtablir, & à leurs Directeurs , tous & chacuns les priuileges, &
exemptions , par Nous accordées à noſdits Hoſpitaux generaux
de *Paris & de Lyon*, quoy que non exprimées és preſentes : Voulans qu'à l'inſtar d'iceux , ils ſoient eſtablis & gouuernez , autant
que faire ſe poura : Et à cette fin . nous avons fait attacher ſous le
contre-ſeel des preſentes, les Edits & Reglemens deſdits Hoſpitaux de Paris & de Lyon: De tout quoy ſera envoyé copie , à toutes les Villes de noſtre Royaume.

LXXX.

Sera com-
poſé vn li-
vre pour
leur condui-
te , mein-
ten, & au-
gmentation

Aprés l'eſtabliſſement deſdits Hoſpitaux & manufactures, dans
toutes les Villes & gros Bourgs de noſtre Royaume. Nous ordonnons à noſtre Procureur general , & Secretaire de ladite Direction generale, de faire imprimer vn Livre contenant nos Edits
& Declarations , ce touchant. Arreſts de verification , Nos Reglemens pour la conduite deſdits Hoſpitaux. L'Extrait des procez
verbaux de leur eſtabliſſement ; auec les difficultez qui s'y feront
trouuées , & les remedes qu'on y aura apportez , pour y auoir recours

cours en cas de besoin : Auquel liure , seront aussi inserez les
noms de ceux qui se seront presentez pour seconds Fondateurs,
ou bien-facteurs desdits Hospitaux ; Et ce liure , nous sera dedié,
& presenté en personne , mis en nostre Biblioteque Royale , &
envoyé à tous nos Parlemens , Evesques , Gouverneurs , Intendans de Justice , & à toutes les Villes & Communautées de nostre Royaume ; Pour seruir de regle vniforme , pour la conduite
desdits Hospitaux , & leuer les difficultées qui pouroient naistre
cy-aprés , touchant ladite conduite , rangs , seances , & autorité,
privileges , & exemptions , desdits Hospitaux & Directeurs.

LXXXI.

Comme le feu Roy de glorieuse memoire , nostre tres honno-
ré Seigneur & Pere , auroit pris , la SAINTE VIERGE , pour
Patronne , & Protectrice de son Royaume ; ordonné qu'il s'en
feroit vne feste solemnelle tous les ans , le iour de son Assomption glorieuse , auec vne Procession generale , où son Image
seroit portée auec pompe & magnificence. Nous continuans , à
ressentir tous les iours les effets de la Protection de cette Reyne
des Cieux ; l'avons aussi prise pour *Patrone & Protectrice* de nos
Hospitaux : Ordonnons que tous les ans il s'en fera comme-
moration , le second iour de Juillet , Feste de la *Visitation*, que la
VIERGE , en qualité de mere de Dieu , commença à exercer
les actions de charité vers le prochain , en la personne de Sainte
Elisabeth : auquel iour lesdits Hospitaux feront vne Procession
generale , où son Image sera portée , auec la mesme pompe , &
magnificence que le iour de son Assomption , pour remercier le
Ciel d'auoir banny par son intercession, la mendicité de nostre
Royaume , & fait cesser les maux , qu'elle causoit ; & implorer
son secours , pour le meintien d'vn si grand œuure. Et exortons
les Predicateurs ce iour-là , de faire connoistre aux peuples , les
biens spirituels & temporels que produisent ces Hospitaux , &
les animer à meintenir & augmenter , ce chef-d'œuure de charité par leurs soins & leurs aumônes.

La Vierge. Patrone & Protectrice des Hospitaux.

LXXXII

Nous convions aussi , les sieurs Archevesques , & Evesques , &
leur enjoignons , de faire publier les presentes , dans les Prosnes
de toutes leurs Paroisses , & faire connoistre aux peuples , par eux
leurs Curez , & Predicateurs , les grands biens que nos peuples
recevront de ces Hospitaux ; & exciter les pauures à auoir recours à ces Aziles , & les riches à contribuer à leur establissement,

Evesques exortez de faire pu-blier les pre-sentes dans toutes leurs Paroisses,

& meintien ; & certifiront la Direction generale de leurs dili gen-
ces , 3. mois apres auoir receu les presentes.

LXXXIII.

Si donnons en mandement à nos Amez & Feaux Conseillers,
les Gens tenans nos Cours de Parlemens, Chambres des Comptes , Cours des Aydes, que ces presentes ils fassent lire , enregistrer, garder, obseruer, & entretenir , selon leur forme & te-
deur , à la diligence de nos Procureurs generaux , ausquels nous
enjoignons d'y tenir la main : & de donner avis incessamment,
au Secretaire de ladite Direction generale , de la verification des
presentes , & d'envoyer copie d'icelles, aux Villes , & Communautées de leur ressort : Mandons à nos Amez & Feaux Conseillers & Tresoriers de France , de faire pareillement registrer lesdites presentes , & des dons , & exemptions portées par icelles,
fassent joüir & vser lesdits Hospitaux generaux; cessant , & faisant cesser tous troubles , & empeschemens : Derogeant expres-
sement, à tout ce qui pouroit estre contraire à cesdites presentes,
& aux dérogatoires : Car tel est nostre plaisir. Donné à

AVERTISSEMENT

1. SI les desseins charitables de Monsieur de Morangis, ne s'e-
xecutent pas , tandis que son amy sera à Paris : Avant de
de s'en aller, suiuant son conseil, il donnera de ces Memoires,
comme il fit de ceux 1673. à ces Messieurs, qui sont dénommez
cy-dessus , & à ces Libraires sur le Quay de Gévre , qui vendent
de vieux Edits & Reglemens , à qui on a recours pour l'ecution
de toutes sortes d'entreprises ; afin qu'vn iour cela puisse tomber
entre les mains de quelque charirable , que le Ciel inspirera , de
travailler , à procurer l'execution de ces chefs-d'œuvres de charité.

2. Qui lira la Table de ces Memoires, ou les 4. premieres pages,
le Placet au Roy , fol. 5. ou la conclusion fol. 61. verra tout le contenu en ce Recueil. On a vsé de repetition en ces 4. endroits.afin
que des personnes fort-occupées qui desirent sçauoir la substance
de ces Memoires, le puissent, jettant les yeux sur l'vn de ces 4. endrois.

3. On a étendu le reste des memoires , pour seruir d'une ample
instruction , à la Direction generale , ses Officiers, Secretaire,
& Commis , pour suiure l'exemple , de Rome , & de Venise.

FIN.